Rencontres en français A2

Guide pédagogique

von
Yves Mayzaud

Ernst Klett Sprachen
Stuttgart

Rencontres en français A2
Guide pédagogique

Autor Dr. Yves Mayzaud, Duisburg

Redaktion Annie Faugère; Elke Sagenschneider Texte und Projekte, München
Herstellung Anastasia Raftaki
Gestaltung und Satz Regina Krawatzki, Stuttgart
Umschlaggestaltung Anna Katharina Wanner
Bildquellennachweis Umschlag: Getty Images (Cynthia Martinez Wagner / EyeEm), München; Video-Symbol Shutterstock (Mll)

Rencontres en français A2	
Kurs- und Übungsbuch + MP3-CD + Videos Online	978-3-12-529648-0
Vokabeltrainer (Heft + Audios f. Smartphone / Tablet)	978-3-12-529656-5
Lösungsheft	978-3-12-529653-4
Guide pédagogique	978-3-12-529652-7
2 CD audio	978-3-12-529658-9
Digitales Unterrichtspaket, digitale Ausgabe	NP00852965201

1. Auflage 1 ³ ² ¹ | 2022 21 20

© Ernst Klett Sprachen GmbH, Rotebühlstraße 77, 70178 Stuttgart, 2020. Alle Rechte vorbehalten.
www.klett-sprachen.de

Das Werk und seine Teile sind urheberrechtlich geschützt. Jede Nutzung in anderen als den gesetzlich zugelassenen Fällen bedarf der vorherigen schriftlichen Einwilligung des Verlags.

Druck und Bindung: CEWE Stiftung & Co. KGaA, Germering
Printed in Germany

ISBN 978-3-12-529652-7

TABLE DES MATIÈRES

Introduction	4
1 Nouvelles rencontres	14
2 Ça roule !	22
3 Mamie était adorable	29
4 Ça fait du bien !	36
Plateau 1 : Stratégies // Jeu // Français pour la profession	44
5 Tapez votre code	46
6 Partir à l'aventure	53
7 Merci pour les fleurs !	60
8 Que le monde est petit !	68
Plateau 2 : Stratégies // Jeu // Français pour la profession	76
9 Mon métier, ma passion	78
10 Faire la fête	85
11 Culture, cultures	93
12 Les temps changent	102
Plateau 3 : Stratégies // Jeu // Français pour la profession	108
Capsules de grammaire	110

INTRODUCTION

CONCEPTION, MÉTHODOLOGIE

Une orientation originale

La méthode *Rencontres en français*, qui sera simplement abrégée en *Rencontres* dans la suite de cet ouvrage, met l'accent sur la relation de l'apprenant avec la langue, la culture et les personnes qui les font vivre, partant du principe qu'une langue existe pour et par ses locuteurs. D'autre part, *Rencontres* propose une orientation didactique originale.

Tout d'abord, les descripteurs du **Cadre Européen Commun de Référence pour les Langues** (CECRL) ont été pris très au sérieux. La méthode a intégré par exemple dès le niveau A1 l'aide du plurilinguisme, une perspective actionnelle renforcée, l'entraînement à l'interaction, des éléments de médiation ainsi qu'un entraînement phonologique et prosodique intensif.

La conviction est née par ailleurs que pour assurer un apprentissage plus aisé, il fallait **assumer le choix de proposer moins de mots** et de se limiter, partout où c'est possible, à la transmission de règles et non d'exceptions. Ces mots doivent par contre être mieux contextualisés, avec des textes courts et des **enregistrements** volontairement ralentis pour accompagner peu à peu l'apprenant vers des textes authentiques, situation qu'il ne rencontrera réellement que lorsqu'il aura atteint le niveau B1.

En ce sens, *Rencontres* A1 s'adressait à tous ceux qui avaient l'envie d'apprendre, mais aucune connaissance préalable du français. *Rencontres* A2 s'adresse à tous ceux qui ont des connaissances élémentaires de la langue et qui aimeraient les approfondir et les systématiser. La méthode est conçue pour des apprenants adultes ou grands adolescents dans des écoles de langues, dans les universités populaires (VHS) ou dans des institutions équivalentes. Elle est adaptée à des cours extensifs ou intensifs et à des classes avec des niveaux homogènes ou hétérogènes. *Rencontres* est une série de trois manuels qui visent l'acquisition des niveaux A1, A2 et B1 du CECRL. Ce deuxième niveau correspond à 3 à 4 semestres à raison de deux heures par semaine d'enseignement.

Les objectifs

Rencontres se propose de plonger les apprenants dans les civilisations française et francophones d'aujourd'hui. Leur apprentissage de la langue leur permettra graduellement de développer des stratégies de communication pour répondre à leurs besoins pratiques quand ils seront en situation : se présenter, réserver une chambre d'hôtel, faire des achats, etc. La fonction principale du guide pédagogique sera pour sa part d'optimiser non pas la progression de l'apprenant mais la progression de l'enseignant.

La communication au cœur de l'apprentissage

Rencontres n'est pas un nom choisi au hasard. La communication, la rencontre de l'autre, l'interaction sont au centre de l'apprentissage, elles sont sa motivation intrinsèque, son moteur et son aboutissement. Les activités ont toujours une fonction actionnelle, de communication et d'interaction.
La classe est au centre de la méthode. Elle est à la fois un lieu de transmission, un environnement protégé propice à l'entraînement en toute confiance et un groupe social avec ses interactions propres. Elle permet des mises en situation, créant des situations de communication authentiques et/ou réalistes, pour utiliser les compétences introduites : s'informer, s'exprimer, etc.
Ainsi, on pourrait résumer les principes qui ont commandé la réalisation de *Rencontres* comme suit :

- ***Tout contenu doit donner lieu à une communication.***
  L'enseignement d'une langue n'est pas l'apprentissage d'une science. Il ne suffit pas de comprendre théoriquement la langue ou de connaître par cœur sa liste de vocabulaire pour pouvoir parler. Tout contenu doit être utilisé et répété sous diverses formes au fil des situations de communication.
- ***Apprendre une langue est un sport d'équipe.***
  La classe est un petit monde social où tout le monde est prêt à jouer le jeu. *Rencontres* propose

à chaque étape des activités à faire en tandem, à plusieurs ou en plénum. L'objectif linguistique s'efface alors derrière l'objectif communicationnel, renforçant celui-ci d'autant.

La spirale didactique
Si l'on devait résumer la démarche de *Rencontres* pour introduire les débutants dans la langue française, il faudrait avoir recours à l'image de la **spirale**. Ce n'est pas une simple métaphore : l'une des stratégies cognitives les plus importantes pour l'apprentissage d'une langue est la répétition. Et il est clair qu'asséner à une classe toujours la même approche et le même discours en espérant que tel ou tel contenu fonctionnel, lexical ou grammatical sera retenu du premier coup, tient de la naïveté du débutant ou de l'aveuglement pédagogique. La véritable répétition est celle qu'on ne remarque pas. *Rencontres* A2 renforce la spirale commencée en A1 en continuant à introduire des faits de langue et les thèmes petit à petit, non pas les uns derrière les autres, mais les uns dans les autres. Elle est fortement visualisée par le recours à un nouvel icone ⑥ et son apparition dans la table des matières. Chaque nouveau contenu est présenté dans un contexte particulier puis décontextualisé par induction (la formation de l'imparfait ou les pronoms relatifs par exemple) avant d'être constamment re-contextualisé avec d'autres thèmes, d'autres contenus au fur et à mesure des unités suivantes.
Par exemple, les pronoms relatifs sont vus une première fois dans l'unité 3, où les apprenants sont simplement amenés à comprendre le *qui* et le *que*. Dans l'unité 9, le *où* est ajouté. Mais ce n'est là que la partie visible de la spirale : à chaque nouvelle unité, les pronoms relatifs peuvent et doivent être mobilisés pour comprendre ou parler. Autrement dit, la progression en spirale permet de diviser des points complexes en petites portions d'apprentissage et de favoriser la répétition, la révision, le réinvestissement des contenus.
La progression en spirale a l'avantage de favoriser la mémorisation des faits de langue en construisant aussi les compétences communicatives les unes sur les autres. En présentant les contenus linguistiques dans les situations qui leur donnent un sens, la mémorisation est stimulée autant que facilitée. Après chaque unité, l'apprenant aura conscience de pouvoir toujours plus et mieux se débrouiller en français. En bref, toutes les connaissances et compétences sont articulées, répétées et approfondies régulièrement tout au long du manuel.

Une progression thématique innovante
La spirale est au cœur de l'agencement thématique. L'objectif, au niveau A2, est de consolider l'essentiel le plus efficacement possible, de renforcer la confiance en soi des apprenants, pour maintenir leur motivation et leur donner toujours plus de raisons de continuer. Ainsi, dans les deux premières unités du livre, l'apprenant révise et revoit les situations standard de communication : donner des informations sur soi, parler de ses loisirs, demander, justifier et raconter.
Chacun des grands thèmes des niveaux A1 et A2, sélectionnés en fonction de ce qui intéresse les apprenants (voyager en France ou dans des pays francophones, communiquer avec des francophones, comprendre la culture française, recevoir les représentants d'une ville partenaire ou accueillir des personnes avec qui l'on correspond, et bien évidemment parler de sa famille, de la santé ou de sa consommation), sera repris, approfondi, élargi dans les unités suivantes.
Le thème de la « circulation », par exemple, revient trois fois, à savoir aux unités 2, 8 et 12 dans ses implications écologiques ; le thème « alimentation » va être contextualisé de manière toujours plus complexe comme dans l'unité 4 pour parler de la santé, dans l'unité 10 pour préparer une fête et dans l'unité 11 pour découvrir la richesse pluriculturelle de la cuisine française.
Chaque thème se décline par des situations qui donnent lieu à des activités et à des contenus communicationnels et linguistiques. C'est-à-dire que les contenus fonctionnels, lexicaux, grammaticaux et phonétiques sont organisés autour des thèmes traités mais aussi régulièrement repris au fil des unités afin de permettre une intériorisation ou une automatisation des savoirs et des savoir-faire.
Petit à petit, les apprenants parcourent des séquences facilement assimilables, ce qui leur permet de rythmer leur apprentissage par des expériences positives, leur réussite s'accompagnant toujours d'un élargissement de leurs compétences.

Une grammaire inductive et communicative
Une autre fonction de la spirale est d'amener les apprenants à découvrir tel ou tel point de grammaire par eux-mêmes. Ils n'apprennent pas une règle qu'il faudrait respecter comme un commandement. Ils la découvrent, la déduisent, la formulent par et pour eux-mêmes et la redécouvrent ensuite dans les unités suivantes.

INTRODUCTION

En d'autres termes, la connaissance grammaticale est construite par l'apprenant lui-même, au fur et à mesure des contextes. Le manuel l'invitera régulièrement à mobiliser ce savoir pour développer un savoir-faire, une compétence de communication : les activités proposées placent l'apprenant dans des situations réalistes de **rencontre** avec la langue et avec les autres. Il apprendra par exemple à raconter l'histoire de sa famille et à donner des informations toujours plus complexes sur lui-même, à parler au téléphone ou à parler de son métier… et il lui faudra pour cela maîtriser l'imparfait, les pronoms relatifs ou la comparaison. Ainsi, la transmission de la grammaire est toujours subordonnée à la communication.

La médiation
La médiation a pris de l'importance depuis quelques années ; *Rencontres* en a tenu largement compte. Ce que la didactique des langues et le Cadre Européen des Langues nomme la « médiation » désigne en réalité trois genres très différents de compétences linguistiques.
La première est la capacité de traduire un terme et il ne s'agit pas ici de dictionnaire mais bien de comprendre l'horizon culturel, social ou politique d'un terme pour en transmettre le sens dans une autre langue le plus adéquatement possible.
La deuxième est le plurilinguisme ou la capacité non verbale, voire émotionnelle de se débrouiller pour faire comprendre un terme d'une langue à une autre. Mimer, faire des périphrases ou par ex. utiliser des onomatopées pour faire comprendre un animal sont autant de moyens pour une médiation interculturelle. Un exemple typique est le touriste qui veut du poulet au restaurant et qui imite le chant du coq, mais sans savoir que cet animal n'a pas le même cri en France et dans les pays germanophones.
La troisième est la médiation didactique non pas pour deviner ou traduire un mot, mais trouver la meilleure stratégie pour acquérir les bonnes compétences. Ce dernier cas est parfaitement illustré par la spirale de *Rencontres* qui médiatise les moyens linguistiques nécessaires à une activité sociale. Apprendre une langue, c'est aussi acquérir ces moyens de se faire comprendre, de traduire non pas seulement ses mots mais aussi ses émotions, ses besoins ou ses souhaits. Dans *Rencontres* A2, la médiation apparaît concrètement dès le deuxième plateau, puis tout au long des activités orales qui, en devenant plus compliquées, supposent de développer graduellement des compétences communicatives spécifiques.

La notion de progression
Rencontres ne veut pas donner de règles ou de listes de vocabulaire à apprendre. C'est l'apprenant qui doit découvrir les contenus à partir de ce qu'il voit ou entend. Au fil des pages, il sera invité à agir, au sens que revêt ce mot dans une perspective actionnelle, à se motiver et à avoir confiance en lui.
Mais que signifie concrètement « progresser » ? Il s'agit d'améliorer les compétences de compréhension (orales ou écrites) et les compétences de production (surtout orale mais aussi écrite). Les unes ne vont pas sans les autres et la méthode *Rencontres* se construit sur une introduction réceptive des contenus pour permettre ensuite de les utiliser en production. Cette dernière devient en A2 de plus en plus importante. La production écrite en particulier ne se limite plus aux activités *En plus* ou à quelques activités ponctuelles. Elle revient à présent régulièrement, sans pour autant empêcher la progression de la production orale.

Les textes
Trois sortes de textes sont utilisées dans *Rencontres* avec des fonctions distinctes :

Le premier groupe rassemble les exemples de **communication quotidienne** (faire ses achats, parler de ses goûts, de ses habitudes alimentaires…). Il s'agit de dialogues à lire et à écouter, permettant aux apprenants d'appréhender la vie de ces textes.

Le deuxième groupe est constitué de textes **informatifs** qui présentent une ou des informations sur un sujet. Ils servent à entraîner la compréhension, les apprenants ne connaissant pas toujours l'intégralité du vocabulaire. Ils doivent alors jouer avec les internationalismes ou la cohérence du texte. Ces textes ont toujours l'apparence et la qualité de textes originaux, même s'ils sont adaptés au niveau A2. Autrement dit, le niveau de ces textes dépasse toujours légèrement le niveau des apprenants pour les prédisposer à l'effort requis par une compréhension personnelle d'un texte authentique. Il est important ici d'expliquer la démarche de *Rencontres* : il n'est pas nécessaire de tout comprendre, il suffit d'être en mesure d'appréhender les informations nécessaires pour réaliser les activités et comprendre les contenus linguistiques. Il s'agit d'une stratégie d'apprentissage essentielle qui ne doit pas faire peur aux apprenants.
Dans leur grande majorité, les textes de ce groupe sont un point de départ pour découvrir un phénomène fonctionnel ou grammatical et/ou un champ

lexical. Cette découverte est souvent suivie d'un récapitulatif que les apprenants doivent compléter par eux-mêmes ou avec l'enseignant afin d'en déduire la règle.

Par ailleurs, ces textes donnent toujours lieu d'abord à des questions de compréhension globale avant d'approfondir, progressivement et selon les besoins de l'unité, la compréhension sur un mode plus sélectif ou détaillé.

Le troisième groupe de textes est celui des pages **Rendez-vous** qui n'ont pas de visée didactique explicite. Leur principale fonction est de mettre en lumière un aspect culturel typiquement francophone relatif à l'unité thématique de la leçon. Elles veulent stimuler l'envie de lire en français et de découvrir des coutumes ou des expressions typiques : *relax* ou *l'apéro dînatoire* par exemple.

Elles sont toujours composées d'une partie descriptive, d'une interview et d'un encart présentant des informations pratiques de dimension interculturelle. Ces pages construisent un pont entre les cultures des apprenants, qu'ils soient de langue maternelle allemande ou non, et les cultures francophones, de telle sorte que ces dernières se dévoilent aussi petit à petit.

Ces textes ne sont pas directement accompagnés d'activités ou d'exercices, mais les questions finales sont destinées à la réflexion, à l'échange dans le groupe-classe. Ces échanges se font bien sûr maintenant en français.

Le guide pédagogique fait des suggestions sur l'usage possible de ces textes dans le déroulement du cours.

Si le temps imparti ne suffit pas, il est possible de ne pas travailler sur ces pages – le vocabulaire, par exemple, n'est pas considéré comme connu dans les unités suivantes.

L'oral

La méthode *Rencontres* est axée sur l'oral et les apprenants vont apprendre à parler pour être le plus rapidement possible capables d'interagir dans un pays francophone. Tout est fait pour faciliter la compréhension et la production orale. Les enregistrements dans les séquences proposent parfois deux vitesses : une qui met en évidence les groupes rythmiques naturels ; une deuxième qui met l'accent sur des groupes de mots, impliquant une prononciation plus lente.

Les situations mettent les apprenants en contact avec des dialogues et des monologues qui seront plus ou moins rapides selon le niveau de compréhension visé (globale, sélective ou détaillée).

Le lexique

Rencontres a fait le choix, au niveau A1, en comparaison avec d'autres méthodes, de réduire la quantité de mots nouveaux, tout en réutilisant le plus souvent possible les acquis d'unités antérieures. Ce choix reste valable au niveau A2.

Ceci permet de simplifier et de faciliter la mémorisation, et aussi de lutter contre l'apriori selon lequel le français serait une langue «difficile».

Les mots sont souvent présentés en contexte : il est essentiel d'enseigner peu à peu aux participants à rassembler les mots, à chercher des bases et des ancrages, sous quelque forme que ce soit : carte mentale, chaîne, association verbe + nom, travail sur les contraires, sur les associations, ou encore par le recours à des techniques faisant appel à la mémoire haptique… Ici, tout est permis !

Du **nuage de mots** enregistré au début de chaque unité au **lexique personnel** à la fin de l'unité, c'est tout un processus qui se développe, avec pour seul objectif d'aider les apprenants à s'approprier les mots, et donc la langue. L'apprenant peut cependant toujours avoir accès à trois lexiques très utiles pour organiser son apprentissage lexical : *Mes mots* (lexique thématique), un lexique qui rassemble le vocabulaire selon les unités et un lexique alphabétique qui constitue un dictionnaire pour le niveau A2. C'est dans cet horizon-là que les apprenants devront apprendre à évoluer, sans aller chercher dans les dictionnaires des traductions parfois inadéquates.

Les stratégies et techniques d'apprentissage

Les stratégies d'apprentissage constituent l'ensemble des opérations mises en œuvre par les apprenants pour acquérir, intégrer et réutiliser le français. Il y a des stratégies individuelles (cognitives), communes (socio-affectives) ou réflexives (l'auto-évaluation ou la réflexion sur un travail en commun). *Rencontres* applique ces procédés dans sa conception en tant qu'héritière de plusieurs années de progrès en didactique des langues étrangères. De plus, la méthode prend en compte la nécessité et la capacité qu'ont les apprenants eux-mêmes à découvrir leur propre pouvoir d'apprendre. Pour cette raison, chaque **Plateau** s'ouvre sur une prise de conscience de ce qui pourrait être fait pour améliorer la progression : les **Stratégies**. Les appre-

INTRODUCTION

nants connaissent déjà de nombreuses façons d'apprendre, souvent inconsciemment ; il est important de les rendre conscientes en les thématisant de temps à autre. Le savoir-faire doit s'accompagner d'un savoir-apprendre.

L'utilisation de la langue maternelle

La didactique des langues étrangères a fait beaucoup de progrès sur la question de l'alternance codique, et le recours à la langue maternelle (ou à la langue maîtrisée par tous, car nombre de participants sont de nos jours originaires d'une autre culture, d'une autre langue) fait à présent pleinement partie des stratégies d'apprentissage possibles dans un cours. La langue turque par exemple est riche d'emprunts au français. La langue commune à tous n'est plus considérée comme un frein ; l'enseignant doit simplement savoir quand l'utiliser pour favoriser l'apprentissage.

Dans *Rencontres A2*, l'allemand assume des fonctions précises : introduire des consignes claires dans la partie *Exercices* (contrairement aux activités qui sont toutes formulées en français), comprendre rapidement des activités inductives sur les actes de parole, la grammaire ou le vocabulaire, s'assurer d'une manière générale la bonne compréhension des apprenants pendant des phases inhabituelles comme les jeux proposés dans les plateaux par exemple.

L'enseignant : guide et animateur

Rencontres permet de structurer l'activité de l'enseignant dans le triangle de la classe. Mais il n'est qu'un côté de ce triangle. Les deux autres sont l'apprenant et le co-apprenant, tous s'attachant à apprendre une langue. Avec des adultes (ou des grands adolescents), l'enseignant ne peut pas assumer le rôle de l'autorité dans une relation hiérarchique. Il doit se faire guide et accompagnateur, amener les apprenants à réfléchir, les placer dans des situations pratiques et organiser la communication entre tous les membres du groupe-classe. L'enseignant conseille, anime et coordonne, explique la manière de faire les activités et quand faire les exercices pour renforcer l'apprentissage. Il motive les apprenants à réfléchir sur leur propre façon d'apprendre et surtout, il instaure un climat de confiance propice à la communication, la coopération et l'interaction.

LE MATÉRIEL

Rencontres en français A2 propose le matériel suivant :

- **Kurs- und Übungsbuch mit MP3-CD und Videos**, le livre de l'élève avec, en plus des parties *Leçon* et *Exercices*, l'appendice et un CD mp3 comprenant tout le matériel audio. Les capsules vidéos sont disponibles sur l'application *Klett-Augmented* ou téléchargeables gratuitement sur le site compagnon de la méthode.
- **Digitalpaket**, l'offre numérique pour utiliser le manuel sur tableau blanc interactif ou dans les cours en ligne
- **Guide pédagogique** avec la description du déroulement des activités, des informations culturelles, des variantes et les solutions
- **Lösungsheft**, le cahier de solutions, disponible sur support papier et en ligne
- **Vokabeltrainer**, un paquet multimédia destiné à l'entraînement du vocabulaire et composé d'un livret accompagné d'enregistrements mp3 sur *Klett-Augmented*
- **Compléments en ligne** :
  * Le site Internet (www.klett-sprachen.de/rencontres) propose du matériel supplémentaire pour l'enseignant et l'apprenant : tests de niveau, fiches à photocopier pour l'utilisation en classe, solutions des activités et exercices du manuel, fichiers audio, capsules vidéo, etc.
  * **Kahoot!**, propose des sessions de jeux en ligne pour une pause ludique en classe

LE MANUEL

Le manuel est découpé en
- 12 unités composées d'une partie *Leçon* et d'une partie *Exercices*
- 3 plateaux (chacun à la fin d'un bloc de 4 unités)
- 1 appendice

LA STRUCTURE D'UNE UNITÉ

La partie Leçon

La didactique proposée dans *Rencontres* est résolument tournée vers les participants et elle s'attache à faciliter un apprentissage clair et structuré. Chacune des 12 unités est divisée en 3 ou parfois 4 courtes séquences thématiques. Les thèmes portent sur des sujets pratiques choisis, au niveau A2, en fonction des centres d'intérêt communicatifs et pratiques des apprenants : parler de soi, téléphoner, réserver et faire du tourisme, faire des achats, justifier et argumenter une opinion, etc. Les actes de parole, les ressources langagières, la grammaire et le lexique sont intégrés dans les thématiques.

La page d'introduction
Rencontres commence chaque leçon par un éventail de photos ou un document visuel. Leur but est d'introduire le thème avec une grande authenticité afin d'entrer en douceur dans la séquence d'apprentissage. À cette amorce visuelle, le manuel propose des activités courtes et simples visant à mobiliser les connaissances préalables, introduire les premiers éléments nouveaux de l'unité et renforcer la motivation.
Le **nuage de mots**, accompagné d'un audio, énonce les mots ou locutions-clés de l'unité. Certains sont connus, d'autres sont nouveaux. Au niveau A2, nous conseillons la démarche pédagogique suivante : à livres fermés, et avant même d'aborder la nouvelle unité, faire écouter le nuage de mots. Puis demander aux apprenants quels mots ou expressions ils connaissent déjà, et les écrire au tableau, afin de raviver les mémoires de tous. Ensuite, faire réécouter le nuage de mots à livres ouverts, et demander de faire des hypothèses sur les mots ou locutions encore inconnus (mot connu à l'intérieur de la locution, ressemblance avec des mots d'une autre langue…). Le dernier pas peut varier selon le groupe et les convictions méthodologiques de l'enseignant. Il est possible d'accompagner les apprenants jusqu'au bout de l'hypothèse, afin de les faire accéder au sens de chaque terme ou locution. On peut aussi stopper le travail sur le nuage de mots en laissant certains termes inconnus, et passer à l'activité suivante. Attention, cette démarche n'a de sens que si elle est préalablement expliquée aux apprenants. Ils doivent savoir que tous ces mots et locutions se trouvent quelque part dans l'unité et qu'il va maintenant s'agir pour eux de partir à la rencontre et à la découverte d'une unité nouvelle, d'un monde nouveau. À cet instant, le suspense monte, comme la motivation des apprenants… À la fin de l'unité, tous les éléments seront connus : la boucle sera donc bouclée par un sentiment de réussite.
Parfois cependant, le nuage de mots fait partie intégrante de la première activité. Dans ce cas, il est conseillé de suivre la démarche décrite dans le manuel ou dans ce guide.

Les séquences
Elles sont le cœur de l'unité : elles introduisent les contenus nouveaux de l'apprentissage et définissent le fil rouge du déroulement du cours. Elles présentent une structure linéaire et accompagnent la progression du simple vers le complexe. Chaque séquence présente un aspect du thème de l'unité et commence par une activité de compréhension écrite ou orale : une interview, un dialogue, un extrait de journal, un questionnaire, etc. Les premières activités de la séquence ont un caractère réceptif : les apprenants se concentrent d'abord sur le contenu. Puis vient une phase de conceptualisation qui porte sur un aspect linguistique (grammaire et/ou tournures liées à une intention de communication). Souvent, les apprenants sont amenés à compléter un tableau coloré présentant ce nouvel aspect, leur permettant ainsi d'induire une règle ou un système de fonctionnement. Pour des informations plus complètes, on peut consulter la page *Résumé* ou la grammaire en appendice.
On passe ensuite à la phase de production, très guidée au début, pour gagner petit à petit en autonomie et lier les nouveaux éléments à des connaissances préalables, garantissant l'effet de spirale didactique.
Les activités **Rencontre** jouent un rôle essentiel dans ce processus. Dans ces activités, les apprenants vont utiliser la langue pour entrer en communication, donc en interaction et en *relation* les uns avec les autres, en tant que véritables acteurs sociaux. La langue est certes l'objet de l'apprentissage et de l'entraînement, mais elle est aussi et surtout l'outil de la communication.

Les activités de différenciation
Les activités **En plus** (signalées par le signe +) sont des instruments de différenciation, particulièrement précieux dans des cours hétérogènes. Ce sont des activités entièrement facultatives, systématiquement individuelles et le plus souvent de production écrite, offrant par exemple à des apprenants très motivés la possibilité de s'entraîner à des tâches légèrement plus complexes, notamment s'ils ont déjà terminé la tâche précédente tandis que le reste du groupe y travaille encore. Selon les objectifs de votre cours en termes de production écrite, il est aussi possible de les faire faire à la classe entière.

INTRODUCTION

Rendez-vous
Ces pages représentent un complément et l'occasion d'aborder le thème sous un angle plus personnel, interculturel et authentique. Des témoignages décrivent une spécificité culturelle d'un pays francophone dans un format propice au plaisir de la lecture. Le vocabulaire est connu mais recontextualisé par la vie d'un « invité »; le témoignage est toujours accompagné d'une rubrique informative sur ce qu'il faut savoir sur tel ou tel arrière-plan culturel. Les questions qui accompagnent le texte ne sont pas des tâches à accomplir mais des amorces de discussion qui peuvent se faire en français.

La partie Exercices
Intégrés dans l'unité et faisant immédiatement suite à la partie *Leçon*, les exercices sont un véritable accompagnement et un approfondissement des activités. Le lexique, les actes de parole, la grammaire et la compréhension – ainsi que, encore modérément au niveau A2, l'expression écrite – y sont spécifiquement repris par des exercices de fixation ciblés. Le symbole du crayon dans la partie *Leçon* renvoie à l'exercice correspondant. Vous pouvez à tout moment choisir d'approfondir les activités en classe ou de donner ces exercices en devoirs à la maison. Nous recommandons de ne pas systématiquement corriger les exercices et de laisser les apprenants identifier eux-mêmes ce qui leur fait défaut. Les **solutions** sont disponibles sous forme d'un cahier ou téléchargeables gratuitement sur le site de l'éditeur. La rubrique **Cherchez en ligne**, intégrée dans la partie *Exercices*, est facultative. Les pistes proposées donnent la possibilité d'un travail en ligne, qu'il soit personnel ou en classe. Libre à vous de les intégrer dans votre cours ou non.

La prononciation
La partie *Exercices* se termine toujours par une partie consacrée à la prononciation. Au niveau A2, *Rencontres* propose un entraînement phonétique pour introduire les phénomènes propres au français, maîtriser les difficultés spécifiques des locuteurs germanophones, et faciliter la fluidité orale – la prosodie. L'exercice appelé **La mélodie du français**, que vous connaissez de A1, est maintenant réservé à des exercices de prosodie.
Vous pouvez continuer à faire répéter à voix haute des extraits de textes en veillant à ce que les apprenants prennent bien leur souffle, et cela le plus régulièrement possible.

Il ne faut pas hésiter à revenir à des exercices de prononciation antérieurs, selon les besoins des apprenants.

Pour finir
Chaque unité thématique se conclut par un **bilan**, un **lexique personnel** et une incitation à la **révision** avant d'aborder l'unité suivante : trois outils essentiels pour permettre un travail autonome.

– **Le bilan** (*Ich kann jetzt*) permet à l'apprenant de revenir sur son apprentissage et de réfléchir sur ses acquis (ou ses lacunes). Il s'agit d'une auto-évaluation accompagnée d'un renvoi à la page où l'élément a été introduit. Le travail autonome de l'apprenant est renforcé, mais aussi sa confiance en lui. C'est un moment privilégié et essentiel de reprise en main de sa progression pendant lequel il peut identifier ses faiblesses personnelles et mettre en place des stratégies de répétition ou de mémorisation pour lui-même.
Cette partie est également intéressante pour le professeur : elle représente une bonne amorce pour une nouvelle séance. Les apprenants peuvent expliquer quelles compétences ne sont pas encore bien acquises. Souvenez-vous cependant de la spirale didactique et des exigences encore modestes du niveau A2 : une compétence ou un contenu ne s'acquiert pas pendant une unité mais dans la progression globale au travers des douze unités du manuel.

– **Le lexique personnel** donne la possibilité de constituer sa propre liste de vocabulaire, point de départ fondamental pour l'acquisition de mots et locutions. Suivant les groupes, plus ou moins demandeurs de sécurité ou au contraire d'élargissement, il ne faut d'ailleurs pas nécessairement se limiter à la place imposée par la pagination et ne pas hésiter à étendre ce lexique sur un cahier à part. Mais veillez (cf. ci-dessus) à encourager un apprentissage de mots en contexte, et non isolés.

– **L'incitation à la révision**, symbolisée par un personnage qui va de l'avant tout en regardant un peu en arrière, représente un moment important de la spirale didactique du manuel. Elle participe à l'autogestion de l'apprenant qui peut décider de consolider ses acquis en vue d'aborder l'unité suivante de façon sereine, tant sur le plan linguistique que sur le plan émotionnel.

Le résumé

Le résumé donne des informations systématisées sur les actes de parole (Communication) et les structures (Grammaire) traités dans l'unité. Les apprenants qui le souhaitent peuvent ainsi consulter une synthèse claire, articulée à la leçon elle-même. Les *résumés* sont complétés et systématisés en appendice dans le **précis de grammaire**. Les apprenants peuvent y obtenir une vue d'ensemble de toute la grammaire A2, avec des renvois à A1.

LES PLATEAUX

Il s'agit d'une figure supplémentaire de la répétition et d'une étape importante de la spirale. Ce sont des parties proposées après quatre unités, dans lesquelles les apprenants entrent en contact avec les **stratégies** nécessaires à leur progression. Ils peuvent ensuite les mettre à profit et approfondir les connaissances fraîchement acquises par un **jeu de plateau** ou par des activités mettant l'apprenant en contact avec le **français pour la profession**.

LES PARTIES ANNEXES DU MANUEL

On trouve en annexe du manuel :
- Un récapitulatif systématique des **contenus grammaticaux** (p. 167–189) traités dans *Rencontres A2*, comprenant aussi une **liste des termes grammaticaux** en français et allemand avec des exemples (p. 190–191)
- Des tableaux de conjugaison des verbes irréguliers vus jusqu'à la fin du niveau A2, (p. 192–198)
- La **transcription des textes audio** qui ne sont pas imprimés dans la partie *Leçon* ou dans la partie *Exercices* (p. 199–211)
- La rubrique **Mes mots**, qui propose des listes de termes regroupés en catégories sémantiques (p. 212–218). Ces listes constituent un élargissement lexical possible, et non des listes à apprendre de façon exhaustive. Elles sont destinées à être consultées par les apprenants en fonction de leurs besoins ponctuels.
- Le **vocabulaire par unités** qui regroupe les mots et locutions, leur transcription phonétique quand elle risque d'être inattendue pour des débutants et leur traduction en allemand, dans leur ordre d'apparition (p. 219–236)
- Un **glossaire alphabétique** de tous les mots qui apparaissent dans *Rencontres A2*, avec leur traduction en allemand et un renvoi à leur première occurrence dans le vocabulaire par unités (p. 237–248)
- Des **cartes géographiques** : la francophonie, la Belgique et le Luxembourg, la Suisse, la France administrative, Paris (p. 251–255)
- Un **tableau de conjugaison** des verbes réguliers (p. 256)

LES CAPSULES VIDÉO

Le rapport à l'image joue un rôle essentiel dans l'apprentissage. En plus de proposer une riche variété d'illustrations au fil des unités, Rencontres donne aussi la possibilité de répéter la grammaire par des capsules vidéo.

Selon le matériel disponible et votre manière d'enseigner, ces capsules sont utilisables en classe et à la maison ou à la maison seulement, en totale autonomie par les apprenants. La vidéo joue alors le rôle d'un professeur extrêmement patient, qui peut répéter indéfiniment une explication. On peut les faire défiler sans interruption, les stopper, les repasser autant de fois qu'on le souhaite…

Les capsules sont accessibles par l'application *Klett-Augmented* ou en téléchargement libre sur le site de l'éditeur.

Leur moment opportun de première utilisation d'une capsule est indiqué dans le manuel par le symbole correspondant.

N'hésitez pas, au fil de la progression, à revenir à des capsules de grammaire antérieures, selon les besoins des apprenants.

➔ **cf. liste des contenus, p. 120**

LE MATÉRIEL AUDIO

Un CD mp3 est inclus dans le manuel, 2 CD audio sont disponibles séparément.

Rencontres met en exergue la compréhension et la production orale. En conséquence, le matériel audio comprend non seulement les pistes qui correspondent aux activités et aux exercices, mais aussi des versions ralenties de certains documents audio. Cette double vitesse permet de déployer des stratégies didactiques beaucoup mieux adaptées à l'écoute – et à la reproduction orale – au niveau A2. Le guide pédagogique vous en suggère quelques-unes.

INTRODUCTION

LES SYMBOLES

Dans le manuel, on trouve les symboles suivants :

🔊 44 — Document audio qui demande l'utilisation du CD ou d'un support numérique. Le CD mp3 se trouve à la fin du manuel, 2 CD audio sont également disponibles

🔊 [41] — Version lente d'un texte audio

⟲ — Cet icone, nouveau en A2, signale qu'il s'agit d'une structure ou d'un thème déjà vu au préalable – dans A1 ou dans une unité antérieure de A2

📖 — Symbole de l'application *Klett-Augmented*, où l'on retrouve les mots-clés et exercices d'entraînement ainsi que tous les textes audio et les capsules vidéo.

✏ 6 — Le crayon signale qu'un exercice complémentaire est proposé dans la partie *Exercices* et peut être réalisé à partir de ce moment-là. Ces exercices peuvent être faits en classe ou à la maison. L'enseignant décide de leur emploi en fonction des besoins de ses apprenants

▶ 2 — Capsule vidéo, adaptée à la projection en classe (vidéoprojecteur, tableau numérique interactif ou autre), sur ordinateur dans des cours en ligne, ou à un usage autonome, sur quelque support que ce soit (PC, tablette, smartphone…)

➕ — Activité complémentaire facultative de différenciation interne, centrée sur la production écrite, conçue pour une réalisation en autonomie, en classe ou à la maison

LE GUIDE PÉDAGOGIQUE

Comme son nom l'indique, le guide pédagogique n'est ni une méthode ni un mode d'emploi. Il n'entend en aucun cas suppléer à quoi que ce soit. Il est simplement là pour accompagner l'enseignant pas à pas et lui donner les clés des activités ainsi que des combinaisons possibles entre ces dernières et la partie *Exercices*. Son but est de donner des idées de stratégies et de faire gagner du temps dans la préparation du cours. Pour chaque activité ou texte proposé par le manuel, le guide fera ses propositions en suivant la structure suivante :

- La rubrique **Objectifs** annonce les buts de l'activité et le type de démarche en se référant implicitement aux énoncés du CECRL sur les compétences à acquérir.
- La **Démarche pédagogique** est le cœur de la description de la technique d'apprentissage la plus adéquate pour organiser et réaliser l'activité étape par étape : déroulement, forme de travail (individuel, en groupes de 2, 3 ou 4 apprenants), etc.
- La démarche est parfois complétée par une **Variante**, une démarche pédagogique alternative qui peut être mieux adaptée au niveau ou aux besoins de votre classe.
- La rubrique **Solutions** vient compléter les indications sur les exercices fermés de la partie leçon.
- Des **Remarques** sont parfois faites pour attirer l'attention sur une difficulté ou une autre stratégie d'apprentissage ou de communication pour éclairer tel ou tel point.
- Enfin, la rubrique **Le saviez-vous ?** ajoute, si nécessaire, des informations sur le contexte culturel, linguistique, géographique ou historique des activités et documents.

TRAVAILLER AVEC *RENCONTRES*

Quelques conseils pour travailler avec *Rencontres* :
- Utiliser le guide pédagogique. Celui-ci permet de respecter les principes méthodologiques et de mieux cerner les objectifs d'apprentissage.
- S'en tenir – surtout quand on enseigne pour la première fois avec cette méthode – aux consignes exactes des activités et suivre la démarche pédagogique conseillée dans le guide. Cela permet notamment d'éviter les débordements ou les incompréhensions.
- Se limiter à introduire la grammaire présentée de façon explicite dans les tableaux colorés. Si vous avez la sensation qu'il « manque » quelque chose, cela signifie probablement que l'élément en question sera introduit plus tard (cf. la spirale didactique).
- En apprenant une langue nouvelle, les apprenants seront menés à sortir de leur « zone de confort ». Il

est donc important de les mettre en confiance. Par exemple…

… en leur demandant de se concentrer sur les mots qu'ils comprennent plutôt que sur ceux qu'ils ne connaissent pas;

… en les encourageant à faire des déductions à partir du contexte, à s'aider de leurs expériences, à faire des hypothèses;

… en dédramatisant l'erreur, puisque l'expérimentation (et l'erreur qui en résulte) est une étape indispensable du processus d'apprentissage;

… en veillant à féliciter les apprenants. Les retours positifs sont le meilleur moteur de l'enthousiasme, l'enthousiasme est le meilleur moteur de l'apprentissage !

Notes de l'éditeur
- *Rencontres* n'oppose pas l'ancienne orthographe à la nouvelle. Cette dernière est par ailleurs encore très peu usuelle en France. Pour des raisons pragmatiques, la méthode se réfère au *Petit Robert*.
- Les formes masculines employées seules ont une valeur neutre, intégrant bien évidemment les femmes dans leur désignation sémantique. Ce procédé n'a aucune intention discriminatoire.
- L'abréviation **A** est, également pour des raisons de lisibilité, systématiquement utilisée dans le guide, aux pages suivantes, en lieu et place de **apprenant/e** ou **participant/e**.

1 // NOUVELLES RENCONTRES

INTRODUCTION

Dans le manuel *Rencontres en français A2*, l'unité 1 est conçue comme un passage en douceur où le mouvement de spirale qui s'est achevé dans l'unité 12 du manuel A1 continue à se prolonger dans le manuel A2.

OBJECTIFS, CONTENUS

Communication
- Engager la conversation et faire connaissance
- Échanger des informations d'ordre personnel
- Parler de son quotidien et de ses habitudes
- Demander un service
- Refuser, justifier un refus

Grammaire
- Les verbes pronominaux (I) : au présent
- **Connaître, devoir**
- Syntaxe des verbes modaux : **pouvoir, vouloir, devoir** et **savoir**

Spirale
- Description d'une personne
- Les mots interrogatifs
- L'heure
- Les étages d'un immeuble
- Les adjectifs démonstratifs

Prononciation
- Le **e** muet

Lexique
- Small Talk (I)
- La biographie (I)
- Les activités quotidiennes (I)

Rendez-vous
- Gabrielle : merci Internet !

Contenus culturels
- La découverte d'Omar Sy
- La politesse en France
- L'immeuble dans la littérature

PREMIERS PAS

Nuage de mots. 1

Faites écouter l'enregistrement et travaillez avec les A sur les mots clés selon l'une des deux démarches décrites en introduction de ce guide (page 9). Attention, si vous optez pour la démarche consistant à laisser une partie des mots et locutions inconnus à ce stade, il est important de l'expliquer aux A avant de la mettre en œuvre pour la première fois.

1 Regardez les photos et lisez les mots.

Objectif
Production orale : décrire des personnes.

Démarche pédagogique
- Commencez par demander aux A de décrire physiquement les personnes sur les photos.
- Laissez les A décrire à présent les arrière-plans et deviner où se trouvent les personnes.
- Peuvent-ils faire des hypothèses sur ce que font ces personnes : *Est-ce qu'elles travaillent ? Elles sont en vacances à la plage ? …*
- Demandez aux A de s'aider des mots du nuage pour formuler ou reformuler leurs réponses.

Remarques
Afin de commencer en douceur, laissez les A s'exprimer comme ils le peuvent, sans les corriger.
Les photos présentent les personnages qui apparaîtront dans les prochaines unités au fil des pages *Rendez-vous*. Grâce à elles, vous pouvez donner un aperçu du manuel et le parcourir.

2 Faites des hypothèses sur ces personnes.

Objectif
Production orale : décrire des personnes en détail.

Démarche pédagogique
- L'activité vous propose des éléments pour décrire une personne avec plus de détails mais commencez tout de même par un remue-méninges, même si les photos ne permettent pas de répondre aux propositions des A. Que reste-t-il du niveau A1 et

NOUVELLES RENCONTRES // 1

que peut-on y puiser pour compléter une discussion ? Idées : la profession, le nombre d'enfants, les loisirs…
- En plénum, laissez les A choisir une photo et imaginer tous ces détails.

3 Lisez les phrases. Qui dit quoi ?

Objectif
Compréhension écrite : associer un discours à son locuteur.

Démarche pédagogique
- Laissez les A lire les bulles et réfléchir à qui a dit quoi.
- Demandez-leur ensuite de comparer ce qu'ils ont imaginé avec ce qu'ils viennent de lire.

Remarques
Il ne s'agit évidemment pas encore de faire des comparaisons, point de grammaire qui viendra plus tard. L'intention est plutôt de construire des propositions principales juxtaposées : *J'ai pensé que Véronique est/était agricultrice, mais elle fait ses courses au marché.* L'usage du présent ici est au niveau actuel acceptable.

Solution
Chaque semaine… : Véronique
J'ai rencontré : Gabrielle
Je suis maire… : Anne-Marie
J'aime bricoler… : Olivier
Quand notre fils… : Polly, Oscar, Fabien
J'ai passé trois mois… : Lina
Je suis étudiant… : Benoît

ON SE CONNAÎT ?

4 a. Premières rencontres. Écoutez… 🔊 2–5 [6]

Objectif
Compréhension orale : suivre des présentations.

Démarche pédagogique
- Attirez l'attention des A sur la photo qui illustre l'activité. *Qui est sur la photo (un homme, une femme ?)* Vous pouvez demander de décrire la photo brièvement. Vous réviserez ainsi le vocabulaire du bar, des vêtements et de la description physique.
- Écoutez les dialogues une première fois – sans les faire lire – et demandez aux A d'associer la photo à l'un d'eux.

Remarques
Ne posez pas encore de questions trop spécifiques ou détaillées, vous perdriez l'avantage de la structure de l'activité entière.

Solution
Dialogue 2

4 b. Lisez les dialogues. Complétez… 🔊 2–5

Objectif
Compréhension écrite et vérification orale : saisir des présentations en détail.

Démarche pédagogique
- Conformément aux consignes, lisez les dialogues et laissez les A remplir les trous.
- Vérifiez les réponses avec l'enregistrement.
- Jouez ensuite les scènes.

Variante
- Dans un premier temps, faites écouter les dialogues en demandant aux A de suivre les discussions avec la transcription donnée dans l'activité.
- Laissez les A écouter une deuxième fois pour compléter les transcriptions en expliquant que les réponses se trouvent dans l'encadré « pour engager la conversation ».

Remarques
Pour préparer l'activité 4d, vous pouvez faire réécouter une dernière fois les dialogues à livres fermés, et demander, après chaque dialogue, si les locuteurs se tutoient ou se vouvoient. Vous pouvez vous référer à l'encadré fourni en marge pour introduire cette différence.

Solution
1. On se connaît ?
2. Pardon, la place est libre ?
3. Il est beau, votre chien.
4. Je te présente…

4 c. Relisez les dialogues. Quelles conversations sont possibles dans la rue ?

Objectif
Compréhension écrite : comprendre les situations de parole formelles et informelles.

Démarche pédagogique
- Vous pouvez poser ces questions en plénum ou bien demander d'abord aux A de poser les questions en binôme.
- Vous pouvez alors compléter l'activité en plénum.

15

1 // NOUVELLES RENCONTRES

4 d. Observez les dialogues. Qui se dit *tu* ?

Objectif
Compréhension écrite : comprendre les conditions du tutoiement et du vouvoiement.

Démarche pédagogique
- Relisez chaque dialogue.
- Pour chaque dialogue, demandez aux A pourquoi le **vous** ou le **tu** est employé.

4 e. Tu ou vous ?

Objectif
Production orale : approche interculturelle de la différence entre le vouvoiement et le tutoiement.

Démarche pédagogique
- Assurez-vous que les A se souviennent du vocabulaire proposé par l'activité.
- Lancez maintenant la discussion. Si les A donnent des réponses contradictoires, indiquez que les pratiques peuvent varier au sein même d'un pays et qu'il n'y a pas de « bonne » réponse.
- À la fin de la discussion, résumez en quelques mots les différences les plus pertinentes.

Remarques
On peut compléter la liste avec des collègues, les gens qu'on n'aime pas, les représentants officiels, les enfants, les étudiants, …

Le saviez-vous ?
Il y a souvent une incompréhension entre les Français et les étrangers sur le sens de **la politesse**. Historiquement, en France, les règles de politesse viennent de la cour royale qui servait de modèle depuis le XVIIème siècle. Une personne polie était alors une personne capable de mettre ses interlocuteurs à l'aise tout en les traitant selon leur rang. Or cet art exige de transgresser parfois les règles apprises. Une anecdote célèbre est celle d'un invité qui, par manque d'éducation, avait confondu le rince-doigts avec un verre d'eau, l'hôtesse fit de même pour éviter la gêne à son invité. Appliquer un code de manière rigide est donc aussi impoli que d'oublier de dire « bon appétit » au début du repas. La politesse en France ne consiste pas à être parfait selon le code mais d'être bien et de passer un temps agréable en société.

---

5 RENCONTRE. À deux ou trois. ... Jouez...

Objectif
Production orale : mise en scène du tutoiement et du vouvoiement.

Démarche pédagogique
- Faites des groupes ou laissez les A se répartir par 2 ou 3.
- Laissez 5 minutes aux A pour réfléchir à une situation de tutoiement ou / et de vouvoiement (si vous avez le temps), déterminer le lieu, les personnes et la situation. Les A peuvent reproduire les situations des dialogues s'ils ne sont pas inspirés.

Remarques
Vous pouvez utiliser cette activité pour renforcer la cohésion de la classe : les A doivent alors se présenter eux-mêmes ou se mettre en scène dans une situation imaginaire (un premier cours par exemple).

VOUS CONNAISSEZ OMAR SY ?

6 a. Omar Sy compte parmi les personnalités préférées des Français.

Objectif
Compréhension écrite : lire un article.

Démarche pédagogique
- Laissez les A découvrir le texte et l'acteur Omar Sy.
- Ne répondez pas tout de suite aux questions de vocabulaire que vous allez introduire par des questions.
- Tout d'abord posez les questions de l'énoncé :
*Quel film a rendu célèbre Omar Sy ? (Intouchables)
Comment s'appelle ce film dans votre langue ?* (en allemand : *Ziemlich beste Freunde*)
- Ensuite et toujours à l'oral : *Comment est-ce que le texte décrit Omar Sy ?
Où est-ce qu'il a grandi ?
Qu'est-ce qu'il a découvert en plus de l'école ?
Il a combien de frères et sœurs ?
Comment s'appelle sa femme ?
Ils ont combien d'enfants ?
Pourquoi est-ce qu'ils vivent à Los Angeles ?*

Remarques
Par ce procédé, les A doivent inférer ou deviner les réponses par une connaissance intuitive du texte.

NOUVELLES RENCONTRES // **1**

Mettez l'accent sur les expressions de la cause qui doivent aider les A à comprendre les informations importantes : **à cause de** et **car**.

6 b. Pour écrire cet article, un journaliste a interviewé l'acteur.

Objectif
Production écrite : répondre à une interview. Préparation à l'activité 7.

Démarche pédagogique
Laissez les A découvrir les questions et donnez-leur du temps pour répondre.

Remarques
Tous les éléments de réponse viennent d'être vus à l'oral. Les A peuvent se concentrer sur la formulation des réponses à la première personne à l'écrit.

> **Solution**

Proposition :
Mon père (vient) du Sénégal, ma mère de Mauritanie.
Je suis né à Trappes en 1978.
J'ai sept frères et sœurs.
Acteur.
Je suis marié.
J'ai trois filles et deux garçons.
J'habite à Los Angeles à cause des enfants.

6 c. Quelles autres questions peut-on poser...?

Objectif
Production orale : compléter une interview. Préparation à l'activité suivante.
Spirale : Les mots interrogatifs.

Démarche pédagogique
Demandez aux A de compléter les questions en élargissant le cadre de l'activité. Il ne s'agit plus de parler avec Omar Sy, mais de découvrir une autre personne.

> **Solution**

Proposition :
Où est-ce que vous avez rencontré votre femme / votre mari ?
Quand est-ce que vous êtes allé/e en France pour la première fois ?
Pourquoi est-ce que vous êtes devenu/e médecin ?

7 RENCONTRE. Cherchez dans le groupe...

Objectif
Production orale : mener un entretien.

Démarche pédagogique
- Attirez d'abord l'attention des A sur l'encadré vert tilleul **pour expliquer... ou éviter de répondre**. Explicitez les trois expressions de la cause (cf. **car**, **parce que**, **à cause de**) et demandez d'intégrer si possible ces expressions dans leurs réponses.
- Mélangez les A de telle sorte qu'ils forment des binômes «inhabituels». Il est préférable que les A ne se connaissent pas bien.
- Laissez les A mener leurs entretiens.
- Demandez ensuite d'échanger les rôles, l'interviewé devient l'interviewer et vice-versa.
- Si vous en avez le temps, demandez aux A de changer de partenaire et de recommencer l'activité.

Remarques
Cette activité est idéale pour renforcer la cohésion de la classe. Expliquez aux A qu'il est important de se montrer ici réservé afin d'avoir l'occasion d'éviter de répondre.

LA VIE D'UN IMMEUBLE

8 RENCONTRE. Votre immeuble... Discutez.

Objectif
Production orale : parler de ses voisins.

Démarche pédagogique
- Formez des groupes de deux A.
- Expliquez le vocabulaire qui ne serait pas encore connu (**au-dessus**, **au-dessous de**...).
- Chacun se pose les questions proposées par l'activité.
- Demandez aux A de donner le maximum de détails possibles : *âge, sexe, profession, situation familiale*, ...
- Faites ensuite cette activité en plénum en demandant aux A de rapporter les réponses de leur voisin.

Remarques
Ce segment commence par une RENCONTRE et c'est une nouveauté par rapport au manuel A1. Le but est ici de renforcer par la production orale des connaissances lexicales essentielles pour la suite.

17

1 // NOUVELLES RENCONTRES

9 a. Regardez le dessin… C'est quel jour ?…

Objectif

Production orale : parler de la semaine et de la journée.

Spirale : L'heure.

Démarche pédagogique
- Laissez les A découvrir le dessin et demandez-leur de faire des hypothèses.
- Il ne s'agit pas encore d'utiliser des structures hypothétiques mais des phrases interrogatives.

Remarques

L'objectif est de réintroduire dans un nouveau contexte le vocabulaire de la journée et de la semaine vu en A1.

9 b. Faites des hypothèses sur les gens.

Objectif

Production orale : faire des hypothèses.

Démarche pédagogique
- Grâce à l'activité 8, vous avez déjà préparé les A à cette activité.
- L'illustration fourmille de détails. Laissez les A faire des hypothèses sur les différents personnages.
- Vous pouvez aussi répartir les différentes situations entre différents groupes afin que chacun ait le temps d'être le plus complet possible.

9 c. À quel étage habitent ces personnes ?

Objectif

Compréhension écrite : associer la description d'une ou des personnes. Vérifier les hypothèses de 9b et élargir le vocabulaire. Première présentation des verbes pronominaux.

Spirale : Les étages d'un immeuble.

Démarche pédagogique
- Laissez les A lire, comprendre et faire l'activité individuellement.
- Lisez les descriptions avec les A et assurez-vous qu'ils comprennent tout. N'insistez pas encore sur les verbes pronominaux, qui seront traités en 11.
- Demandez ensuite leurs réponses mais ne corrigez pas. Les A le feront d'eux-mêmes dans la dernière partie de l'activité.

Solution

2e étage – 1er étage – 3e étage

9 d. Madame Pipelette parle de ses voisins. 7

Objectif

Compréhension orale : suivre un monologue sur le voisinage. Autocorrection.

Démarche pédagogique
- Expliquez aux A ce que signifie le jeu de mots avec le nom de la voisine, Madame Pipelette. Une pipelette est une femme bavarde.
- Faites écouter une première fois sans donner d'indications.
- Faites écouter une deuxième fois en demandant cette fois de vérifier si les propos de Madame Pipelette confirment ou infirment leurs réponses précédentes.
- N'hésitez pas à faire écouter une troisième fois si nécessaire.

Remarques

L'autocorrection est une stratégie essentielle dans l'apprentissage des langues mais elle peut être la source de certaines frustrations si vous n'accompagnez pas suffisamment les A dans le déchiffrage des documents en 9b et c.

Solution

Proposition :
Le père des deux petits enfants est traducteur.
Les voisins au-dessus font souvent la fête.
…

10 Imaginez l'immeuble un jeudi à 20 heures.

Objectif

Production orale : parler des habitants d'un immeuble.

Démarche pédagogique
- Répartissez les A en différents groupes de 2, 3 ou 4.
- Demandez à chacun des groupes de s'imaginer l'activité des habitants pendant une période horaire de la journée : *jeudi à 20 h 00, le week-end, le matin très tôt, à midi, pendant les vacances de Noël.*

Remarques

Encore une fois, il s'agit de réinvestir le vocabulaire des activités précédentes.

NOUVELLES RENCONTRES // 1

Le saviez-vous ?
L'immeuble n'est pas qu'une construction plus ou moins belle en banlieue ou dans le centre d'une ville. C'est un lieu qui, en raison de sa vie sociale, est devenu un symbole dans la littérature française contemporaine. On y décrit le voisinage, les relations entre les hommes et les femmes, entre des amis et des inconnus, on y décortique avec plus ou moins de bonheur le vivre ensemble. Le roman le plus célèbre sur la vie d'un immeuble est celui de Georges Perec : *La Vie mode d'emploi*.

11 a. Madame Pipelette raconte sa journée. 8

Objectif
Compréhension orale : suivre le déroulement d'une journée. Les verbes pronominaux.

Démarche pédagogique
- Lisez les différentes étapes avec les A. Chacun peut lire une phrase.
- Faites écouter le document deux voire trois fois et laissez les A reconstruire le déroulement de la journée.

Remarques
En faisant lire les propositions, vous pouvez en profiter pour corriger la prononciation et la prosodie. Les phrases sont parfaites pour réviser l'accentuation de la dernière syllabe du groupe rythmique. Ex. : *Elle regarde la télé*.

Solution
2. Elle prend son petit-déjeuner.
3. Elle s'habille.
4. Elle fait les courses.
5. Elle prépare le repas.
6. Elle et son chien se promènent dans le parc.
7. Elle se repose sur un banc.
8. Elle téléphone à ses enfants.
9. Elle regarde la télé.
10. Elle se couche tôt.

11 b. Soulignez les verbes pronominaux…

Objectif
Grammaire : conjuguer les verbes pronominaux.

Démarche pédagogique
- Attirez l'attention des A sur la structure des verbes dans la première partie de l'activité. Remarquent-ils la présence d'un étrange pronom ?
- Rassurez les A en leur disant que la conjugaison est la même que celle apprise au présent de l'indicatif.
- Soulignez que le pronom réfléchi, comme en allemand, doit toujours être à la même personne que le sujet.
- Attirez l'attention sur le cadre dans la marge : il thématise des différences orthographiques qui sont en fait dues à la prononciation et à l'accentuation des formes verbales.

Solution
se coucher : il / elle / on se couche
s'habiller : il / elle / on s'habille

Remarques
Rappelez aux A d'une part l'importance du pronom réfléchi pour le sens du verbe : « je couche » ne veut pas dire la même chose que « je me couche ». Et d'autre part attirer leur attention sur le fait que les verbes pronominaux français ne le sont pas forcément en allemand. Par exemple, *« ich dusche »* se traduit « je me douche ».

 Voir capsule de grammaire numéro 1 :
LES VERBES PRONOMINAUX AU PRÉSENT

12 RENCONTRE. Pour vous, à quoi ressemble une journée habituelle en semaine ?

Objectif
Production orale : parler de sa journée. Utiliser les verbes pronominaux.

Démarche pédagogique
- Les verbes proposés sont tous connus de l'activité précédente ou du vocabulaire A1.
- Demandez aux A de réfléchir individuellement à leur quotidien.
- Dans un deuxième temps, laissez les A raconter à leur voisin leurs journées habituelles. Précisez qu'ils doivent garder en mémoire ou prendre en note ce que leurs journées ont en commun.
- En plénum, demandez aux A d'exposer ces similitudes.

13 À deux ou trois. Les voisins se rencontrent.

Objectif
Production orale : simuler une discussion informelle.

1 // NOUVELLES RENCONTRES

Démarche pédagogique
- Examinez avec les A les actes de parole mis à disposition des A dans l'encadré.
- Répartissez les A par groupes de 2 ou 3.
- Cette simulation peut être très amusante si vous demandez à vos A de s'inventer un rôle : un prénom et un nom typiquement français pour eux, un métier et quelques informations personnelles fictives.
- Distribuez à chacun des groupes l'un des scénarios et laissez-leur le temps nécessaire pour se préparer linguistiquement et psychologiquement.
- Laissez-les jouer leur scène devant toute la classe.

Remarques
Sans le dire aux A, mesurez la durée de ce petit jeu de théâtre. Au niveau A1 (acquis), chaque A devrait être capable de parler au moins 30 secondes plus ou moins librement. Il s'agit de faire une évaluation diagnostique pour orienter ensuite la planification de votre cours.

PETITS SERVICES

14 a. Tom a reçu plusieurs messages.

Objectif
Compréhension écrite : lire un message.
🌀 **Spirale** : Les adjectifs démonstratifs.

Démarche pédagogique
- Lisez les différents messages avec les A et expliquez ou réexpliquez le vocabulaire qui ne serait pas encore compris.
- Demandez-leur d'identifier les déterminants possessifs (**mes**, **notre**, **votre**, ...) en guise de révision.
- Étendez ensuite la spirale à une nouvelle classe de déterminants : les démonstratifs.
- En vous référant à l'encadré en marge, rappelez la spécificité du **cet** avec le masculin commençant par une voyelle.

Solution
La nounou est malade.
Julie a une réunion.
Rebecca et Jean partent la semaine prochaine.
Louise a des chats.

14 b. Relisez les messages et reconstituez...

Objectif
Compréhension écrite : utiliser **devoir** et **pouvoir**.

Démarche pédagogique
- Laissez les A découvrir par groupes de 2 ou individuellement les éléments de la phrase : sujet + verbe modal + infinitif + objet ou complément.
- Attirez l'attention des A sur les formes de **devoir** (dans l'encadré) et de **pouvoir** (vu en A1).
- Demandez-leur de reconstruire les phrases en s'aidant des textes précédents.

Solution
Rebecca et Jean doivent aller chez leurs parents.
Julie ne peut pas faire les courses ce soir.
La nounou doit rester au lit à cause d'une grippe.
Tom et Julie doivent arroser les plantes des voisins.
Louise ne peut pas donner à manger aux chats.

➕ Que doit faire Tom ? Faites une liste.

Objectif
Production écrite : faire une liste.

Démarche pédagogique
Laissez les A relire les messages de l'activité 14 et établir une liste des tâches en utilisant l'infinitif des verbes et en se mettant à la place de Tom.

Remarques
Différenciation individuelle à la maison ou en classe, suivant votre planning et le temps à disposition.

15 Qu'est-ce qu'on doit ou peut faire... ?

Objectif
Production orale : exprimer la possibilité et l'obligation.

Démarche pédagogique
- Par groupes de 2, les A posent mutuellement les questions en utilisant le titre de l'activité.
- L'interlocuteur doit ensuite donner une réponse en suivant le modèle donné à droite.
- Vous pouvez compléter cette activité par une discussion en plénum sur ce qui est le plus important dans chaque situation.

16 RENCONTRE. Et vous ? Qu'est-ce que vous devez faire cette semaine ?

Objectif
Production orale : expliquer son emploi du temps.

Démarche pédagogique
- Demandez aux A de réfléchir non plus à leur journée habituelle mais à des obligations qui doivent

être remplies cette semaine. Ont-ils envie de le faire ou non ?
- Rappelez-leur d'utiliser les structures **Je dois / Je ne veux pas…, parce que…**
- Laissez les A discuter entre eux.

17   RENCONTRE. Des nouveaux voisins.

Objectif
Production orale : interagir avec des voisins.

Démarche pédagogique
- Vous pouvez reprendre les rôles de l'activité 13 mais cette fois les informations personnelles doivent être approfondies : À quel étage habitent-ils ? Comment trouvent-ils l'immeuble ? Depuis combien de temps habitent-ils là ?
- Une fois ces détails inventés, laissez aux A du temps pour préparer le scénario : que va-t-on demander ? Un objet ou un service ?
- Demandez-leur de jouer la scène devant la classe. N'oubliez pas de donner le signal de départ par un DING DONG : on sonne à la porte !

Remarques
Cette simulation de l'immeuble est très simple et permet de réviser de nombreux contenus A1 en ajoutant des éléments grammaticaux et lexicaux nouveaux.

RENDEZ-VOUS : GABRIELLE : MERCI INTERNET !

Objectif
Compréhension écrite : découvrir une personnalité et une culture francophones.

Démarche pédagogique
- Lisez le titre à voix haute et laissez les A faire des hypothèses. Pourquoi « merci Internet » ?
- Demandez aux A de lire le texte et le témoignage.
- Vérifiez si les A ont compris le texte : *Qu'est-ce qu'elle a recherché sur Internet ? Qui est-ce qu'elle a trouvé ?*
- Lancez la discussion à partir des deux premières questions. Avant de lancer la troisième, lisez avec les A l'encadré sur « commencer une conversation ».
- Orienter alors la conversation vers ce que l'on peut dire ou non pendant une première rencontre.

Remarques
Il s'agit d'un texte pour introduire non pas seulement une personne mais aussi une culture. Mettez plus l'accent sur la compréhension interculturelle que sur la maîtrise de la langue.

EXERCICES

Prononciation
- **La mélodie du français** – Le **e** muet

Remarques
Attirer l'attention des A sur le fait que le **e** a souvent la seule fonction de prononcer la consonne qui le précède, raison pour laquelle on peut parfois ne pas le prononcer. Exemple : présent/présent**e** ; infirmier (**r** muet) / infirmièr**e**.

Révisions
En préparation à l'unité suivante, où les A apprendront la conjugaison des verbes pronominaux au passé composé, incitez-les à bien mémoriser leur **conjugaison au présent (p.13)**.

2 // ÇA ROULE !

INTRODUCTION

Après un redémarrage en douceur, les A ont maintenant atteint leur vitesse de croisière et, on peut le dire, « ça roule », il faut juste garder le rythme et c'est ce que vous propose l'unité 2. Après s'être présentés, les A vont maintenant acquérir les moyens de raconter leur vie et ainsi, d'approfondir leurs connaissances des autres A du cours.

OBJECTIFS, CONTENUS

Communication
- Parler du trafic et de la mobilité
- Comprendre et faire une biographie
- Demander et donner des renseignements sur une personne
- Structurer un récit au passé
- Exprimer une obligation et une interdiction
- Donner une raison

Grammaire
- Le passé composé avec **être**
- Les verbes pronominaux (II) : au passé composé
- Les questions par inversion

Spirale
- L'accord du participe passé avec **être**
- Les pays

Prononciation
- Le « i grec » : **y**

Lexique
- La biographie (II)
- L'interdiction et l'obligation
- La circulation routière
- Les contrôles de la circulation
- Les activités quotidiennes (II)

Rendez-vous
- Anne-Marie et son village

Contenus culturels
- Les grands constructeurs automobiles
- Les Français et l'automobile
- Les « papiers » en France

PREMIERS PAS

Nuage de mots. 12

Faites écouter l'enregistrement et travaillez avec les A selon la démarche indiquée page 9.

1 Quelques chiffres.

Objectif
Compréhension écrite : des chiffres sur la mobilité. Inférer un contexte.

Démarche pédagogique
- Lisez les propositions et les chiffres donnés par l'activité.
- Laissez les A associer les propositions aux photos.

Remarques
N'hésitez pas à demander aux A de justifier leurs réponses avec **parce que** et d'autres mots que ceux donnés par les propositions, même si la réponse semble évidente.

> **Solution**
>
> *en haut à gauche* : 10 % de la population…
> *en bas à gauche* : 11 % des Suisses…
> *en haut à droite* : En France, 81 % des familles…
> *en bas à droite* : En France, près de 3 personnes…

2 Écoutez trois témoignages. 13

Objectif
Compréhension orale globale : trois témoignages.

Démarche pédagogique
Faites écouter le document audio au moins deux fois et demandez aux A, là encore, de justifier leurs réponses : *parce qu'il dit / veut / …*

> **Solution**
>
> est parti vivre à l'étranger : témoignage 1
> a déménagé : témoignage 3
> fait la navette : témoignage 2

DES SUISSES CÉLÈBRES

3 a. Lisez cette biographie.

Objectif
Compréhension écrite : un texte biographique.

Démarche pédagogique
- Laissez vos A lire le texte. Soit votre groupe a la chance d'avoir un connaisseur de l'histoire de l'automobile et la réponse sera donnée assez rapidement, soit il va falloir jouer aux devinettes.
- Utilisez alors la section *Le saviez-vous ?* ci-dessous pour aiguillonner les A vers la bonne réponse. Donnez des indices sur les autres constructeurs jusqu'à ce qu'un A vous dise que cela contredit le texte.

Remarques
Vous ferez ainsi d'une pierre deux coups, une compréhension écrite complétée par une compréhension orale.

Solution
Il s'agit de Louis Chevrolet. Indices : il est parti au Canada, puis en Amérique.

> **Le saviez-vous ?**
> - **Karl Benz :** né en Allemagne en 1844, il était ingénieur de formation et il fit breveter la première voiture utilisable pour tous les jours.
> - **André Citroën :** né en 1878 en France, il était ingénieur automobile et surtout un industriel qui voulait être l'Henry Ford européen.
> - **Armand Peugeot :** né en 1849 en France, il appartenait à une grande famille d'industriels qui ne s'intéressait pas à l'automobile. C'est lui qui donna cette orientation et fit rentrer la marque dans l'histoire.
> - **André Michelin :** né en 1853 en France, il était ingénieur et industriel. Il devint le constructeur de pneus le plus connu du monde.

3 b. Vous connaissez déjà l'accord du participe passé avec *être* ?

Objectif
Grammaire : la grammaire du **participe passé** avec **être**.

Spirale : L'accord du participe passé avec **être**.

Démarche pédagogique
- Demandez aux A de repérer dans le texte les verbes au passé composé avec un participe passé employé avec **être**.
- Laissez maintenant les A compléter les phrases et demandez-leur de formuler la règle de l'accord du participe passé avec **être** : accord avec le sujet du verbe.
- Posez-leur aussi la question de la négation qui se répartit autour de l'auxiliaire et non plus autour du verbe conjugué.

Remarques
Attirez l'attention des A sur le participe passé étrange **mort** dans **Il est mort**. Il ne répond pas aux règles de transformation des verbes en **-ir** comme **partir (parti)** ou **courir (couru)**. C'est un héritage latin puisque le participe passé du verbe **mori** était… **mortus**. On peut encore entendre dans certains dialectes (dans des îles bretonnes ou au Québec) le participe passé **mourru**, mais il n'est pas correct. Le participe passé **mort** est devenu ensuite un adjectif pendant le Moyen Âge.

Solution

Verbes à souligner :
(il) **est né** – sa famille **n'est pas restée** – elle **est partie** – (elle) **a déménagé** – la carrière **a commencé** – il **a été** mécanicien – il **est devenu** coureur cycliste – ses frères et lui **sont partis** – (ils) **sont devenus** – (il) **a battu** – il **a créé** – les gens **ont acheté** – il **a eu** – il **a passé** – la crise **a ruiné** – il **a recommencé** – il **est mort**

Verbes du tableau :
est né – est devenu – est mort
(n') est (pas) restée – est partie – sont partis

La négation se place avant et après l'auxiliaire : elle **n'**est **pas** restée…

3 c. Les verbes suivants forment le passé composé avec *être*.

Objectif
Grammaire : l'usage de l'auxiliaire **être** dans la construction du **passé composé**.

Démarche pédagogique
- Qu'est-ce que les verbes évoqués ont en commun ? L'illustration aide à saisir que tous les verbes sont des verbes de mouvement (sauf **rester**, discutable).

2 // ÇA ROULE !

- Prévenez ensuite les A que cela ne veut pas dire que la règle est valable pour tous les verbes de mouvement, contrairement à l'allemand. Ce dernier dit *Ich bin geschwommen.* ou *Ich bin gerannt.* mais le français dira *J'ai nagé.* et *J'ai couru.*

Remarques
Pour apprendre ces verbes, il y a quelques repères mnémotechniques utiles : ce sont des contraires (**aller** et **venir** ; **rentrer** et **sortir** ; **arriver** et **partir**, **monter** et **descendre** ; **naître** et **mourir** ; **rester** et **passer**). Vous pouvez aussi demander aux A de classer les verbes avec des phrases pour décrire la montée et la descente. Enfin vous pouvez créer des phrases amusantes à partir des premières syllabes des verbes mais cette variante peut se révéler très difficile selon le lexique des A.

Solution
aller : *gehen, fahren*
arriver : *ankommen*
descendre : *aussteigen, hinabsteigen*
entrer : *eintreten, hereinkommen, hineingehen*
monter : *steigen, einsteigen, hinaufsteigen*
partir : *losfahren, wegfahren, weggehen*
rentrer : *zurückkommen, zurückkehren, hineingehen*
rester : *bleiben*
retourner : *zurückgehen, zurückfahren*
sortir : *ausgehen, herausgehen, hinausgehen, -fahren*
tomber : *fallen*
venir : *kommen*

4 a. Une visite guidée. 🔊 14 [15]

Objectif
Compréhension orale sélective : une visite guidée.

Démarche pédagogique
- Faites une première écoute et demandez aux A s'ils ont compris qui était le personnage mystère : Louis Chevrolet ou un autre constructeur.
- Demandez-leur de justifier leurs réponses.
- Vérifiez aussi s'ils ont compris ce que demande la guide pour commencer la visite.

Solution
C'est Louis Chevrolet.

4 b. Écoutez encore une fois et corrigez 🔊 14 [15]

Objectif
Compréhension orale détaillée : suivre une visite guidée.

Démarche pédagogique
- Lisez les propositions pour vous assurer que tout le monde comprend.
- Écoutez une nouvelle fois le document audio.
- Faites écouter une deuxième fois si nécessaire.
- Pendant la dernière écoute, arrêtez-vous après chaque information pour permettre aux A de les saisir si ce n'est pas le cas.

Solution
1. Vrai.
2. Vrai.
3. Faux. À La Chaud-de-Fonds, on parle français.
4. Faux. Ils sont devant une statue de Louis Chevrolet.
5. On ne sait pas. La guide dit qu'elle ne sait pas si les Américains aiment les Citroën.

> **Le saviez-vous ?**
> Les Français sont 86 % à **posséder une voiture** : seulement 36 % des Parisiens en ont une contre 95 % des gens qui habitent en zone rurale. Les Français n'achètent plus leur voiture pour marquer un statut ou tout au moins, ce critère vient après le prix et la fiabilité. La voiture en ce sens est d'un point de vue culturel plus un *outil* qu'un *bien*.

5 a. Connaissez-vous Ella Maillart ?

Objectif
Compréhension écrite : un texte biographique.
🌀 **Spirale** : Les pays.

Démarche pédagogique
- Lisez les questions en plénum pour les expliquer au besoin mais surtout pour les poser aux A.
- Laissez aux A le temps de remettre les phrases en ordre afin de retrouver l'histoire d'Ella Maillart.
- Attirer l'attention des A sur les voyages de Maillart. *Quelle préposition est-ce qu'on utilise avec un nom de pays ?*
- Si les A répondent **en**, attirez leur attention sur l'encadré en marge de l'activité. Ils doivent comprendre qu'un nom de pays féminin est accompagné de la préposition **en** et qu'un nom masculin est accompagné de **au**, sauf s'il commence par une voyelle, auquel cas on aura recours pour des raisons phonétique à **en** : en Afghanistan, en Iran…

Solution

1. Où êtes-vous née ?
4. Êtes-vous restée… ?
2. Qu'avez-vous fait… ?
3. À quel âge ?
6. Dans quels pays… ?
5. Combien de fois… ?

Tableau en marge : la Suisse → **en** Suisse

5 b. RENCONTRE. Vous êtes journaliste.

Objectif
Production orale : faire une interview.

Démarche pédagogique
- Formez des groupes de 2 et faites l'activité.
- Les A changent ensuite d'interlocuteur jusqu'à ce que chacun ait interrogé trois personnes.
- Demandez aux A de prendre des notes pour se souvenir des points communs qu'ils se trouvent et avec quelles personnes.

5 c. RENCONTRE. Racontez à la classe.

Objectif
Production orale : exposer des résultats.

Démarche pédagogique
Les A peuvent maintenant utiliser leurs notes pour parler des autres A qui ont des points communs avec eux.

+ Écrivez une courte biographie.

Objectif
Production écrite : rédiger une biographie.

Démarche pédagogique
- Demandez aux A de se souvenir des faits marquants de la vie de leur grand-mère ou de leur grand-père.
- Laissez-les ensuite écrire un petit texte pour raconter ces faits avec le passé composé.

Remarques
Différenciation individuelle à la maison ou en classe, suivant votre planning et le temps à disposition.

VOS PAPIERS, S'IL VOUS PLAÎT.

Le saviez-vous ?
Les « **papiers** » en France ne sont pas tout à fait les mêmes que dans les pays germanophones. Il y a certes le permis de conduire, la carte d'identité et la carte grise mais il y a aussi la carte « verte » qui est le certificat d'assurance, et – dans le cas d'un accident – un **constat à l'amiable**. Quand des Français ont un accident, ils n'ont pas d'obligation d'appeler la police, ils peuvent remplir un formulaire. Les différentes personnes concernées par l'accident doivent le signer et chacun en reçoit une copie et l'envoie à son assurance.

6 RENCONTRE. La voiture et vous.

Objectif
Production orale : parler de son moyen de transport préféré, axé sur le thème de la voiture.

Démarche pédagogique
- Demandez aux A s'ils ont une voiture. Pour ceux qui répondent non, prenez le temps de leur demander quel est leur moyen de transport préféré en suivant les amorces proposées.
- Une fois ceci fait, intéressez-vous à ceux qui se déplacent en voiture et faites l'activité comme indiqué.

7 a. Faites ce quiz à deux.

Objectif
Compréhension écrite : s'initier au lexique de la circulation routière.

Démarche pédagogique
- Par 2, laissez les A déchiffrer le texte, le comprendre et le compléter.
- Demandez-leur ensuite de souligner tous les mots qui ont un rapport avec la voiture et la circulation.

Solution
1. En Suisse
2. En France
3. En Belgique et en Suisse
4. En Belgique
5. En France
6. En France

2 // ÇA ROULE !

7 b.   Qu'est-ce qu'il *faut* faire ?

Objectif

Grammaire : s'initier aux structures de l'obligation et de l'interdiction.

Démarche pédagogique

- On se concentre à présent sur les deux structures les plus importantes : **il faut** et **il est interdit de**. Soulignez l'importance de la préposition **de**.
- Complétez l'activité par une carte mentale au tableau avec d'un côté ce qui appartient à l'obligation et de l'autre ce qui dépend de l'interdiction.

Solution

1. e   Il faut s'arrêter.
2. f   Il est interdit de rouler en voiture.
3. b   Il est interdit de stationner.
4. a   Il faut aller tout droit.
5. c   Il faut faire attention.
6. d   Il est interdit de tourner à droite.

7 c.   RENCONTRE. Et dans votre pays ?

Objectif

Production orale : parler des règles d'un pays.

Démarche pédagogique

- Cette activité est plus intéressante par groupes de 2.
- Demandez à chaque groupe de choisir au moins 3 thèmes (vitesse, contrôle technique…). Laissez-leur le temps de réfléchir et de discuter en français pour écrire une phrase pour chaque thème choisi.
- En plénum, et pour lancer des mini-discussions, dites aux A comment cela se passe en France pour les obliger à interagir avec vous plutôt que simplement lire leurs notes. Par exemple : *En France, la vitesse maximum sur l'autoroute est de 130 km à l'heure. Et ici ?*

8 a.   Écoutez 107,7 FM et numérotez. 🔊 16

Objectif

Compréhension orale sélective : suivre une émission de radio.

Démarche pédagogique

- Demandez aux A de ne pas se concentrer sur les détails du document mais sur l'ensemble.
- Lisez avec les A le choix de réponses et éclaircissez la signification si besoin est.

Solution

Info 1 : photo de droite
Info 2 : photo de gauche
Info 3 : photo du milieu

8 b.   Écoutez encore une fois et complétez. 🔊 16

Objectif

Compréhension orale détaillée : suivre une émission de radio.

Démarche pédagogique

- Procédez à une deuxième écoute.
- Laissez du temps pour compléter les phrases.
- Corrigez les réponses en faisant une nouvelle écoute segmentée cette fois : arrêtez-vous après chaque réponse.

Solution

- sur l'autoroute **A41** en direction de **Genève**
- sur l'autoroute **A50** en direction de **Toulon**
- sur l'autoroute **A62**, mais il n'y a pas de **bouchon**

9 a.   Un contrôle de police. 🔊 17

Objectif

Compréhension détaillée : suivre un dialogue.

Démarche pédagogique

- Dans un premier temps, écrivez les mots en allemand sur le tableau et demandez aux A de fermer les livres.
- Laissez écouter une ou deux fois et demandez-leur d'émettre des hypothèses sur les traductions possibles de ces termes.
- L'activité en soi se déroule ensuite par écrit, d'autant plus que certains mots ne sont pas transparents et que leur orthographe peut être perçue comme difficile (*panneau, permis de conduire, …*). Demandez donc aux A d'ouvrir à présent les livres et de vérifier leurs hypothèses grâce à la transcription.

Solution

Vorname	le prénom
Ausweis	la carte d'identité
Verkehrsschild	le panneau
Nachname	le nom de famille
Führerschein	le permis de conduire

ÇA ROULE ! // **2**

9 b. À deux. Lisez le dialogue et répondez aux questions du policier.

Objectif

Production orale : répondre à un interrogatoire.

Démarche pédagogique

- Laissez les A identifier les questions du policier. Qu'ils en fassent une liste.
- À deux, laissez-les jouer en se posant les questions notées mais en improvisant des réponses personnelles.

10 RENCONTRE. Un policier vous arrête.

Objectif

Production orale libre : formuler des questions et élargir le champ lexical du contrôle de police.

Démarche pédagogique

- En plénum, formulez d'abord les questions proposées.
- Les A répondront en utilisant **parce que**.
- Si vous avez assez de temps et si les A sont réceptifs à ce genre d'exercice, vous pouvez terminer cette activité par un petit jeu de théâtre devant la classe.
- Par groupes de 2 (un policier et un interpelé), les A choisissent une situation et reprennent la liste de questions apprises dans l'activité précédente.
- Devant la classe, chaque groupe joue la scène mais en ajoutant une émotion différente : joie de se faire contrôler, amoureux (flirt avec le/la policier/policière), tristesse, déprime, colère…

Remarques

C'est une excellente activité qui permet de mobiliser tout ce qui a été vu, mais elle n'est pas forcément du goût de tout le monde. Ayez bien conscience que cela suppose un groupe d'A plutôt extravertis.

Solution

Proposition :
- Pourquoi est-ce que vous avez roulé à 10km/h ? – Parce que je ne suis pas d'ici et je ne connais pas la route.
- Pourquoi est-ce que vous avez téléphoné au volant ? – Je suis désolé, je n'ai pas téléphoné, j'ai juste regardé mon GPS.
- Pourquoi est-ce que vous avez roulé trop vite ? – Parce que je n'ai pas vu le panneau.
- Pourquoi est-ce que vous stationnez ici ? – Ah ? C'est interdit ? Je suis désolé. Je veux juste manger mon sandwich.

ALLER-RETOUR, TOUS LES JOURS...

11 RENCONTRE. Vos trajets de tous les jours.

Objectif

Production orale libre : parler de son rapport au transport.

Démarche pédagogique

En plénum, laissez les A expliquer leurs trajets les plus fréquents. Même s'ils ont les livres sous les yeux, posez-leur les questions de l'activité directement afin de travailler l'interaction.

Remarques

Encore une fois ce nouveau segment commence par une mise en situation et préparation grâce à une activité orale afin de reprendre ce qui a été fait. On passe de la voiture (activité 6) à un thème plus général.

12 a. Lisez le blog de Louise.

Objectif

Compréhension écrite : un blog sur les transports au quotidien.

Démarche pédagogique

- Laissez les A lire le texte et comprendre globalement la situation de son auteure.
- Sans expliquer le vocabulaire, demandez quel titre conviendrait le mieux au texte.

Remarques

Encore une fois, ne pas donner tout de suite le vocabulaire amène les A à être plus sensibles à la situation et à avoir recours plus souvent à l'inférence.

Solution

Maintenant, je prends mon temps

12 b. Pendant 42 ans, Louise a fait…

Objectif

Compréhension détaillée : un blog.

Démarche pédagogique

- Faites relire le texte aux A en leur demandant de retrouver la chronologie du texte.
- Attirez à présent leur attention sur la forme des verbes. Que remarquent-ils ? Certains sont pronominaux. Vous pouvez réfléchir un instant avec les A si les verbes pronominaux français sont les mêmes que les verbes équivalents en allemand : **se doucher** mais *duschen*, **se lever** mais *aufstehen*…

2 // ÇA ROULE !

Solution
1. se lever
2. se doucher
3. s'habiller
4. prendre le petit-déjeuner
5. aller au travail

12 c. Complétez. Puis imaginez ce que Louise a fait (ou pas) le premier jour de sa retraite.

Objectif
Production orale : comprendre et utiliser le passé composé des verbes pronominaux.

Démarche pédagogique
- Conjuguez le verbe **se reposer** avec les A ou laissez les A le faire.
- Ensuite faites l'activité sous la forme d'une chaîne : le premier A commence par donner une première étape de la journée de Louise, le deuxième continue, etc.

Remarques
Comme il s'agit dans une certaine mesure d'improvisation, n'hésitez pas à donner les actions aux A hésitants : *se doucher, s'habiller, monter dans le train, prendre la voiture, faire du sport, rencontrer des amis, se promener, promener le chien, déjeuner, dîner, …*

Solution

Je	(ne)	**me suis**	(pas)	reposé/e.
Tu	(ne)	**t'es**	(pas)	reposé/e.
Il / Elle	(ne)	**s'est**	(pas)	reposé/e.
Nous	(ne)	**nous sommes**	(pas)	reposé(e)s.
Vous	(ne)	**vous êtes**	(pas)	reposé(e)(s).
Ils / Elles	(ne)	**se sont**	(pas)	reposé(e)s.

 Voir capsule de grammaire numéro 2 : **LES VERBES PRONOMINAUX AU PASSÉ COMPOSÉ**

13 RENCONTRE. Vous avez passé une journée formidable.

Objectif
Production orale libre : raconter sa journée.

Démarche pédagogique
- Indiquez la situation de la rencontre : *une journée formidable* signifie *une journée très positive*.
- Demandez aux A de réfléchir et de préparer une description de leur journée mais en ne notant que les actions.

- En plénum, demandez ensuite aux A de raconter leur journée en utilisant les verbes notés et en les conjuguant au fur et à mesure.

Remarques
En mettant l'accent sur un « fil d'action » ou une énumération des actions, vous préparez les A à l'utilisation de l'imparfait dans la différenciation de l'action et de la description des conditions de l'action.

RENDEZ-VOUS : ANNE-MARIE ET SON VILLAGE

Objectif
Compréhension écrite : découvrir une personnalité et une culture francophones.

Démarche pédagogique
- Lisez le premier paragraphe et demandez si les A comprennent la fonction officielle d'Anne-Marie. Est-ce que dans leur pays les maires des petites villes disent aussi « leur » village ?
- Quel problème raconte-t-elle dans son témoignage ? Qu'est-ce qu'on doit comprendre de l'état du village à l'origine ?
- Laissez les A lire l'encadré et lancez la discussion : *Habiter la campagne, c'est difficile ?* La description correspond-t-elle aussi à la situation que vos A connaissent dans leur pays ?

Remarques
Il s'agit d'un texte pour introduire non pas seulement une personne mais aussi une culture. Mettez plus l'accent sur la compréhension interculturelle que sur la maîtrise de la langue.

EXERCICES

Prononciation
- Le « i grec » : **y**

Remarques
Attirer l'attention des A sur le fait que le **y** ne se prononce pas [y] comme en allemand mais [i].

Révisions
En préparation à l'unité suivante, où les A s'intéresseront au passé et apprendront un nouveau temps, l'imparfait, incitez-les à revoir **le présent des verbes des unités 1 et 2**

MAMIE ÉTAIT ADORABLE // 3

INTRODUCTION

Vous arrivez au tournant décisif du niveau A2 : l'introduction d'une nouvelle compétence pour parler du passé. Il est donc logique d'introduire en même temps le lexique des souvenirs, de l'enfance et de l'histoire personnelle. Un moment de nostalgie mais ô combien nécessaire pour franchir une étape décisive dans sa maîtrise du français. Vous remarquerez en plus que ce passage au passé permet de réemployer tout un arrière-plan patiemment mis en place depuis le niveau A1.

OBJECTIFS, CONTENUS

Communication
- Décrire des habitudes et des états de choses au passé
- Parler de ses souvenirs
- Localiser quelque chose
- Décrire plus précisément des choses, un paysage ou un habitat
- Décrire et caractériser des personnes et les relations avec elles

Grammaire
- Imparfait
- Les pronoms relatifs **qui** et **que**
- **vieux**, **beau** et **nouveau**
- Les prépositions de lieu (I)

Spirale
- Conjuguer **se souvenir de**

Prononciation
- Le [ŋ]

Lexique
- La biographie (III)
- L'école et la formation (I)
- Les traits de caractère (I)
- Les relations (I)

Rendez-vous
- Benoît aide une association

Contenus culturels
- Chercher une personne perdue de vue

PREMIERS PAS

Nuage de mots. 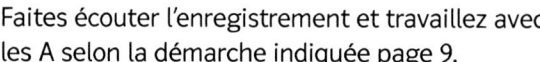 20

Faites écouter l'enregistrement et travaillez avec les A selon la démarche indiquée page 9.

1 a. Regardez les photos.

Objectif
Lexique : découvrir du vocabulaire de l'enfance.

Démarche pédagogique
- Laissez les A observer et commenter les photos (*Ce sont des photos de l'enfance, ce sont des souvenirs…*) pendant quelques instants avant de commencer l'activité proprement dite.
- Utilisez les photos pour montrer les objets de l'activité qui sont nouveaux.
- Évitez encore les discussions ou récits personnels à ce stade, car ceux-ci impliqueraient l'emploi de l'imparfait, qui ne sera introduit qu'à la page suivante.

1 b. Quels objets existent encore aujourd'hui ?

Objectif
Production orale : parler d'objets présents et passés.

Démarche pédagogique
- Laissez aux A le temps de regarder les photos une nouvelle fois et de choisir un objet.
- Posez ensuite la question en plénum : *quels objets existent encore aujourd'hui ? Lesquels n'existent plus ?*

Remarques
On introduit ici deux structures qui seront essentielles pour la suite : l'usage de l'adverbe **encore** pour

3 // MAMIE ÉTAIT ADORABLE

exprimer l'actualité d'un objet et l'usage de la négation **ne... plus** qui fonctionne comme la négation **ne... pas** mais qui exprime le contraire de **encore**.

2   Quels souvenirs avez-vous de votre enfance ?

Objectif
Production orale : exprimer un souvenir.

Démarche pédagogique
- Le verbe **se souvenir** est évidemment très important dans cette unité et pour commencer en douceur, il est important de ne commencer qu'avec la première personne du singulier.
- Recommandez aux A d'utiliser le modèle de réponse en leur expliquant la spécificité du verbe **se souvenir de** : il est pronominal, comme en allemand, mais il utilise une autre préposition (**je me souviens de**, *ich erinnere mich an*).
- Chaque A n'a besoin de dire qu'une phrase.
- Si vous A sont motivés, vous pouvez conclure cette première activité en élargissant les pronoms personnels à **il**, **nous** et **ils**, les A reprenant alors ce que les autres ont dit.

Remarques
Cette activité prolonge la précédente en élargissant le vocabulaire des objets vers celui des objets culturels : musique, chanson, film, émission de télévision et pourquoi pas pièce de théâtre ou opéra.

3 a.   Écoutez la conversation.   21 [22]

Objectif
Compréhension orale : comprendre globalement une conversation sur le passé.

Démarche pédagogique
- Demandez aux A de fermer les livres.
- Laissez les A écouter une première fois le document sonore. De quelle époque parlent-ils ?
- Réécoutez une deuxième fois et laissez les A se concentrer sur ce que demande Sébastien à sa grand-mère : *Ils parlent de quels objets ?* **(Le chauffage, la TV, Internet et le vélo.)** Vous préparerez ainsi vos A à la suite de l'activité.

Remarques
Ne donnez pas de réponses, les A trouveront d'eux-mêmes dans l'activité suivante.

3 b.   Lisez le dialogue et cherchez les mots suivants.

Objectif
Compréhension écrite : comprendre une conversation sur le passé.

Démarche pédagogique
- Les A peuvent à présent lire la transcription du document précédent et vérifier leur hypothèse.
- Individuellement ou par deux, les A peuvent chercher dans le texte le vocabulaire proposé.

Remarques
Si les A remarquent les verbes à l'imparfait, dites-leur qu'il s'agit d'un nouveau temps mais ne donnez encore aucun détail. Ce sera l'objectif de l'activité quatre. L'un des buts de l'utilisation de l'imparfait ici est de sensibiliser les A à la sonorité de ses terminaisons.

> **Solution**

- *ein altes Haus am Wasser:* une vieille maison au bord de l'eau
- *Heizung:* le chauffage
- *Kamin:* la cheminée
- *Feuer:* le feu
- *Obstbaum:* l'arbre fruitier

3 c.   Sébastien raconte.

Objectif
Compréhension écrite : comprendre un texte à l'imparfait.

Démarche pédagogique
- Demandez aux A de lire le texte ou lisez-le avec toute la classe. C'est une bonne occasion pour corriger la prononciation et d'introduire la prononciation de l'imparfait.
- Donnez du temps pour comparer les deux textes.
- Corrigez avec les A.

Remarques
Les A ne doivent pas construire de phrases à l'imparfait mais seulement citer les phrases qui sont fausses. Aucune comparaison n'est ici nécessaire.

> **Solution**

La maison était près d'un village.
La grand-mère allait à l'école à pied.
La maison n'avait pas de chauffage.
Il n'y avait pas de télé.
Dans le jardin, il y avait un cerisier.

4 a. Un nouveau temps : l'imparfait.

Objectif
Grammaire : comprendre la conjugaison de l'imparfait.

Démarche pédagogique
- Demandez aux A de relire le texte 3c et de souligner tous les verbes à l'imparfait et d'indiquer leur infinitif.
- En plénum, laissez les A tester la règle de la formation des verbes à l'imparfait à partir de la première personne du pluriel du présent de l'indicatif. Vous pouvez le faire à livres fermés pour réviser le présent de l'indicatif.
- Vous pouvez compléter par d'autres questions détaillées sur le texte de l'activité 3b cette fois : *On regardait la télévision à l'époque ? Que faisait la mère avec les cerises ? Il y avait des voitures ?* Les A doivent répondre en utilisant l'imparfait.

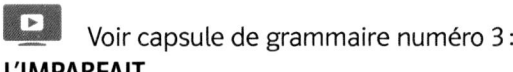 Voir capsule de grammaire numéro 3 :
L'IMPARFAIT

4 b. « C'était le bon temps ! »

Objectif
Compréhension écrite : conjuguer l'imparfait.

Démarche pédagogique
- Individuellement, les A peuvent compléter le texte avec les verbes proposés.
- Ils peuvent ensuite comparer leurs réponses avec leur voisin.
- Lisez enfin les phrases et corrigez en plénum si nécessaire.

Solution
avait – allaient – parlait – allaient – était – avais – étais

5 RENCONTRE. Souvenirs d'enfance.

Objectif
Production orale : poser des questions fermées sur le passé.

Démarche pédagogique
- Demandez aux A, individuellement, de formuler des questions avec **est-ce que** et un verbe à l'imparfait pour chaque situation proposée par l'activité.
- Corrigez en plénum et n'hésitez pas à réexpliquer la formation de l'interrogation si nécessaire.
- Tous les A peuvent à présent se lever et circuler dans la classe en se posant les questions et en répondant seulement par oui ou par non.

Remarques
Il est évident que les A peuvent compléter la réponse par une répétition du contenu de la réponse : *Oui, j'habitais à la campagne.*

6 Deux adjectifs irréguliers.

Objectif
Compréhension écrite : utiliser les adjectifs **beau** et **vieux**.

Démarche pédagogique
- Laissez les A relire la conversation de l'activité 3b.
- Demandez-leur de compléter le tableau avec les formes irrégulières.
- Pour finir, utilisez le modèle de réponse et laissez les A utiliser ces adjectifs. Si les A n'avaient pas de jardin, utilisez un autre lieu : *Dans la maison de mon enfance, …*
- Faites aussi employer la négation : *Il n'y avait pas de vieille cheminée…* (avec bien sûr, dans la négation, *pas de* et non *pas des*).

Remarques
En toute logique, quand un mot est au pluriel, l'article indéfini devrait être **des**, mais si un adjectif épithète est placé devant le nom (dans la langue écrite ou la langue orale soutenue), on le remplace par **de**.

Solution
beau – belle

7 a. Léo et Cynthia vident le grenier. 🔊 23

Objectif
Compréhension orale détaillée : écouter un dialogue.

Démarche pédagogique
- Faites une première écoute en demandant aux A de faire attention globalement à la situation. Entendent-ils les verbes **jeter** et **garder** ? Comprennent-ils ce que cela signifie ?
- Lisez ensuite le choix de réponses proposé par l'activité en vous assurant que tout le monde suit.
- Procédez à une deuxième écoute et laissez les A répondre.

3 // MAMIE ÉTAIT ADORABLE

- Pour la correction, segmenter la troisième écoute en vous arrêtant après chaque réponse.

Solution

Ils gardent : la voiture de police – la poupée – la photo de vacances en Corse – le vieil appareil photo
Ils jettent : les vieilles photos des grands-parents – la télévision

7 b. Et vous, quels objets ou jouets avez-vous encore ?

Objectif
Production orale : parler de son enfance.

Démarche pédagogique
- Donnez un peu de temps pour réfléchir à une réponse.
- Insistez sur l'obligation de situer l'objet évoqué : *Où* est-il aujourd'hui ? Près de la cheminée ? À côté du canapé ?

Remarques
Au fur et à mesure des interventions, vous pouvez écrire les mots au tableau. Vous obtiendrez alors une liste de vocabulaire complémentaire, spécifique à votre classe.

8 RENCONTRE. Décrivez la maison de votre enfance.

Objectif
Production orale libre : s'exprimer sur le logement de son enfance.

Démarche pédagogique
- Laissez aux A le temps de la réflexion pour mobiliser leurs souvenirs et surtout, pour les formuler en français. L'activité propose des amorces de réponses.
- À deux, laissez les A se poser mutuellement la question de l'activité. Ils peuvent répondre en lisant leur texte.
- Mélangez les groupes et demandez aux A de refaire l'activité mais sans lire leur texte. Ils doivent tenter de parler librement de leur logement. Il est ici sans importance si des informations sont oubliées – voire même si elles sont fictives. Il est seulement important de parler spontanément.

J'AI RETROUVÉ TON ADRESSE.

9 a. Guillaume a retrouvé une vieille photo de l'école.

Objectif
Compréhension écrite : lire un message. Comprendre une description physique.

Démarche pédagogique
- Vous pouvez laisser les A lire les messages ou les répartir en trois groupes, et chacun travaille alors sur un texte.
- Pour chaque texte, demandez aux A de déterminer le champ lexical de la description physique d'une part et celui de la description psychologique d'autre part.
- Les A doivent souligner ces deux champs avec des couleurs différentes et / ou vous pouvez vous-même tracer deux colonnes au tableau.
- Après, en plénum, complétez avec les A le vocabulaire qui manque : *roux/rousse, méchante, triste, belle, laide…* couleurs des yeux, de la peau, etc.
- Pour finir, n'hésitez pas à demander aux A pourquoi les messages utilisent l'imparfait et non pas le passé composé. Ils doivent commencer à comprendre le sens de l'imparfait (action inachevée ou sans détermination de temps) : Guillaume ne sait pas à quoi ressemblent ses anciens amis aujourd'hui.

Remarques
Dans cette première partie de l'activité, il s'agit d'abord et avant tout de permettre aux A de construire leur propre lexique de la description de la personne. Le tableau et le travail de groupe sont des moyens pour structurer l'apprentissage et produire un peu plus qu'une simple liste de vocabulaire.

Solution

physique : mignonne, longs cheveux blonds, brune, bun, cheveux longs
caractère : adorable, timide, charmante, pas gentille, drôle

9 b. Sur la photo, où se trouvent Camille, Paul, Marie et Guillaume ?

Objectif

Compréhension écrite : reconnaître une personne sur la base d'une description écrite.

Démarche pédagogique
- Laissez du temps aux A pour qu'ils associent les messages aux personnes de la photo.
- Corrigez en plénum en n'hésitant pas à laisser les A se corriger eux-mêmes : *Non, ça ne peut pas être elle, elle est brune.*

Solution

à gauche : Paul – *à droite* : Marie
devant : Guillaume – *derrière* : Camille

9 c. Relisez les messages et cochez.

Objectif

Compréhension écrite : comprendre les détails du texte. Introduire les pronoms relatifs **qui** et **que**.

Démarche pédagogique
- Donnez du temps pour que les A puissent cocher les bonnes réponses. Le pronom relatif est pour le moment égal et il suffit d'avoir une compréhension détaillée du vocabulaire.
- Attirez ensuite l'attention des A sur les mots qui introduisent les subordonnées : **qui** et **que**.
- Laissez les A faire des comparaisons avec le fonctionnement de la langue allemande. Elle peut être un bon point de départ pour comprendre la différence entre la reprise d'un sujet et la reprise d'un objet à l'accusatif.
- Soulignez aussi le rôle du pronom relatif dans la proposition subordonnée : le **qui** est un sujet, le **que** est un objet direct qui nécessite donc d'être suivi d'un sujet (nom ou pronom).

Le saviez-vous ?

L'invention d'Internet et surtout **des réseaux sociaux** a permis l'apparition d'un phénomène nouveau : retrouver une personne perdue de vue depuis longtemps. Des classes scolaires se reconstituent ainsi 10 ans ou 20 ans plus tard pour faire la fête et « refaire du lien » comme on dit.

10 a. Souvenirs d'école. Complétez.

Objectif

Grammaire : utiliser les pronoms relatifs ; parler de souvenirs.

⑥ Spirale : Conjuguer **se souvenir de**.

Démarche pédagogique
- Dans un premier temps, demandez aux A de compléter les questions avec les bons pronoms relatifs et de faire attention à la structure de la proposition subordonnée.
- Dans un deuxième temps, laissez les A répondre aux questions par un prénom seulement.

Remarques

Cette première étape est une préparation à 10b. Il est important que les A aient déjà une personne en tête quand ils se poseront les questions.

Solution

d'une amie **que** vous trouviez gentille ?
des élèves **qui** étaient assis à côté de vous ?
d'un copain **qui** était votre meilleur ami ?
d'un professeur **que** tout le monde détestait ?
de quelqu'un **qui** était amoureux de vous ?

10 b. RENCONTRE. À deux. Demandez à votre partenaire de décrire deux personnes de 10a.

Objectif

Production orale : se souvenir d'une personne et la décrire à l'oral.

Démarche pédagogique
- Pour cette activité vous pouvez choisir de décrire deux personnes en utilisant les adjectifs proposés dans le tableau.
- Si votre groupe est très motivé, il est conseillé non pas de choisir deux personnes mais deux questions et de les poser à son partenaire en le tutoyant, afin d'obliger les A à conjuguer le verbe **se souvenir** et à utiliser le pronom réfléchi.
- La réponse peut alors se faire en suivant le modèle proposé. Laissez les A donner le maximum de détails en suivant l'exemple des messages de Guillaume.

Remarques

Vous pouvez ensuite demander aux A de commencer leurs réponses par **je me souviens de**.

3 // MAMIE ÉTAIT ADORABLE

11   Dix ans ont passé. 🔊 24

Objectif
Compréhension orale : comprendre un dialogue sur le passé.

Démarche pédagogique
- Laissez les A écouter une première fois le document sans toucher aux livres et seulement en se concentrant sur les relations entre les personnes évoquées.
- Procédez à une deuxième écoute en laissant les A répondre à l'activité.
- Corrigez en réécoutant le document et en vous arrêtant après chaque réponse.

Solution
Guillaume : avec Marie, Camille
Marie : avec Alex

 Écrivez un e-mail.

Objectif
Production écrite : écrire un e-mail.

Démarche pédagogique
- Recommandez aux A de se faire d'abord un brouillon avec toutes les informations intéressantes en suivant le modèle des messages de l'activité 9a : *Où est-ce qu'on s'est rencontré ? À quoi ressemble la personne ?* Demandez aussi à l'A de relancer son interlocuteur pour le revoir, comme le fait Guillaume à la fin de ses messages.
- Recommandez aussi de ne pas dépasser 60 à 80 mots.

Remarques
Différenciation individuelle à la maison ou en classe, suivant votre planning et le temps à disposition.

12   RENCONTRE. À deux. Discutez des questions suivantes.

Objectif
Production orale : parler de son passé.

Démarche pédagogique
- Lisez avec les A les questions pour être certain qu'ils comprennent ce que signifie une *anecdote*.
- N'hésitez pas à réfléchir en plénum sur d'autres questions possibles.
- À deux, laissez les A se poser les questions et y répondre.

LA MÉMOIRE

13 a.   Lisez l'article. Quelles informations vous étonnent ?

Objectif
Compréhension écrite : comprendre un article de revue.

Démarche pédagogique
- Demandez aux A de procéder à une première lecture et posez-leur des questions de compréhension globale : *De quelle sorte de journal vient cet article ? Quel en est le thème ?*
- Par une lecture rapide, éclaircissez le vocabulaire ou les structures qui ne seraient pas encore comprises ou claires.
- Posez ensuite la question : *Quelles informations vous étonnent ?* Demandez aux A de citer le texte afin de passer à une compréhension plus détaillée.

13 b.   Et vous ? Votre premier souvenir...

Objectif
Production orale : parler de ses souvenirs.

Démarche pédagogique
- Après un temps de réflexion sur le premier souvenir des A, posez la question en plénum. Ils doivent suivre le modèle fourni par l'activité.
- Demandez ensuite aux A d'écrire sur une petite fiche la phrase qu'ils viennent de construire avec **je me souviens**.
- Ils échangent ensuite leur fiche avec leur voisin.
- Ils doivent ensuite la modifier pour la dire à leur voisin (**tu**) et à la classe (**il**).

Remarques
Cette nouvelle répétition est importante pour assimiler le recours nécessaire au pronom réfléchi mais aussi à la préposition **de** ou à la conjonction **que** qui doit accompagner le verbe **se souvenir**.

14   RENCONTRE. La mémoire et ses associations.

Objectif
Production orale libre : formuler des associations.

Démarche pédagogique
- Demandez aux A de noter sur un papier deux associations en suivant le modèle proposé construit avec **quand**.
- Échanger les papiers avec le voisin et ajouter une association pour chacun des sens.

- Quand les A ont 5 phrases, demandez au dernier de déclamer ses phrases sous forme de poème.

15 RENCONTRE. Réfléchissez : vous vous souvenez des choses suivantes ?

Objectif
Production orale libre : raconter un souvenir.

Démarche pédagogique
- Laissez aux A cinq à dix minutes de préparation pour choisir un souvenir et réfléchir à ce qu'ils peuvent en dire : lieu, époque, avec qui, en quoi est-ce un évènement particulier ?
- Proposez aux A de rédiger des notes que vous pouvez corriger avant l'intervention et renforcer ainsi leur confiance en eux.
- Demandez-leur ensuite de raconter leur souvenir.

Remarques
Il s'agit ici d'un exercice de monologue suivi d'une minute. Il faut faire attention à structurer son propos. Il est nécessaire de laisser un certain temps de préparation.

RENDEZ-VOUS : BENOÎT AIDE UNE ASSOCIATION

Objectif
Compréhension écrite : découvrir une personnalité et une culture francophones.

Démarche pédagogique
- Demandez aux A de lire la présentation et l'interview de Benoît.
- Comprennent-ils que le premier paragraphe, en raison de l'imparfait, parle de son quotidien pendant son enfance ?
- Comment aide-t-il cette association ?
- Pour lancer la discussion, utilisez les amorces proposées à la fin du texte et complétez avec le texte de l'encadré et la question : *dans votre pays, est-ce que les logements sociaux sont « moches » ? Est-ce qu'il y a des architectes qui tentent de rendre ces quartiers plus beaux ?*

EXERCICES

Prononciation
- Le son [ŋ]
- **La mélodie du français** – Allonger les phrases

Remarques
Quand vous faites répéter, veillez toujours à ce que les A mettent l'accent sur la dernière syllabe et non pas sur la première comme le font souvent les germanophones.

Révisions
En préparation à l'unité suivante, où les A parleront de questions de santé et d'activités sportives, révisez avec eux le vocabulaire du sport et des aliments déjà connu de A1, et incitez-les à revoir **les verbes pronominaux (unité 1)**.

4 // ÇA FAIT DU BIEN !

INTRODUCTION

Dans la présente unité, les A vont aborder deux des thèmes les plus importants du niveau A2 : la santé et le sport. Grâce à ce nouveau lexique, il va être possible d'acquérir des compétences très pratiques comme s'entretenir au téléphone, prendre un rendez-vous et comprendre une recette bonne et saine. La spirale avance emportant avec elle des anciennes et des nouvelles règles et compétences qui continuent à s'entrelacer progressivement.

OBJECTIFS, CONTENUS

Communication
- Parler du corps et de la santé
- Parler de son alimentation
- Comparer
- Donner des ordres, des conseils
- S'entretenir au téléphone
- Convenir d'un rendez-vous
- Comprendre une recette

Grammaire
- L'impératif
- Le discours indirect au présent
- La comparaison avec des adjectifs et des adverbes (**meilleur/e, mieux**)

Spirale
- **jouer à** et **faire du**

Prononciation
- La prosodie et les liaisons

Lexique
- Le corps
- La maladie
- Le sport
- L'alimentation
- Au téléphone (I)

Rendez-vous
- Le week-end relax de Sandrine

Contenus culturels
- Le Petit Nicolas
- Les sports préférés des Français

PREMIERS PAS

Nuage de mots. 🔊 31
Faites écouter l'enregistrement et travaillez avec les A selon la démarche indiquée page 9.

1 a. Un esprit sain dans un corps sain.

Objectif
Compréhension écrite : associer des expressions à des photos.

Démarche pédagogique
- Découvrez avec vos A les différentes photos. Faites-en une brève description en fonction des moyens langagiers qu'ils ont à leur disposition et en ajoutant éventuellement quelques mots qui manqueraient.
- Laissez-les ensuite lire les phrases et laissez-les associer les phrases aux photos sans les aider.
- Corrigez en vous assurant qu'ils comprennent la formule **pour** + infinitif ou **il faut** + infinitif.

Remarques
Cette première activité est un bon exercice pour pratiquer l'inférence.

Solution

Photo 2 : phrase 1   *Photo 4 : phrase 3*
Photo 1 : phrase 2   *Photo 3 : phrase 4*

1 b. Êtes-vous d'accord avec ces phrases ?

Objectif
Production orale : parler de la santé et du sport.

Démarche pédagogique
- Énoncez les affirmations à la classe et demandez si les A sont d'accord ou non.
- Demandez ensuite aux A de formuler à leur tour deux phrases juxtaposées en suivant le modèle.
- Laissez les A communiquer leurs idées à la classe.

Remarques
Il s'agit d'une activité introductive dont le but est de mesurer ce que les A réussissent déjà à formuler. Ils peuvent évidemment s'aider du nuage de mots.

… ÇA FAIT DU BIEN ! // **4**

DES PIEDS À LA TÊTE

2 a. Vous connaissez le yoga ? 🔊 32

Objectif
Compréhension écrite et orale : comprendre les explications d'un enseignant.

Démarche pédagogique
- Individuellement, laissez les A lire le texte et assurez-vous qu'ils en comprennent globalement le sens.
- Par groupe de deux ou individuellement, laissez les A rechercher les traductions des mots proposés dans le texte. Demandez-leur de noter les traductions sur une feuille de papier.
- À livres fermés, procédez à une écoute en demandant aux A de lever la main dès qu'ils entendent une des traductions.

Solution

Hände:	les mains
Augen:	les yeux
Rücken:	le dos
Arme:	les bras
sich entspannen:	se détendre
schließen:	fermer
atmen:	respirer
öffnen:	ouvrir
sich vorstellen:	imaginer

2 b. À deux. Relisez et mimez les gestes dictés.

Objectif
Compréhension écrite et orale : comprendre des instructions.

Démarche pédagogique
Cette activité peut être faite à deux : le premier A lit le texte et le second suit les instructions. Une fois terminé, ils échangent les rôles.

Variante
Cette activité peut aussi se faire en plénum en laissant les A écouter une nouvelle fois l'enregistrement. Faites une courte pause entre chaque instruction pour laisser les A faire le geste.

Remarques
Il s'agit ici d'une manière plus physique de montrer que l'on a compris le texte. C'est aussi un moment agréable qui permet de faire une pause avant l'introduction de l'impératif, moment un peu plus abstrait et théorique.

2 c. Détendez-vous. Comment donner des ordres ou des conseils ?

Objectif
Grammaire : apprendre l'impératif.

Démarche pédagogique
- Attirez l'attention des A sur les formes de l'impératif données dans le tableau.
- Demandez-leur de rechercher les formes manquantes dans le texte. *Quelle est la différence entre l'impératif des formes en -er et les autres ?*
- Signalez l'impératif de **ouvrir** : **ouvre** (toujours comme au présent, sans le **s**).
- Passez du temps sur l'encadré dans la marge et demandez aux A de conjuguer à l'impératif le verbe **se souvenir** par exemple ou certains verbes des unités précédentes.

Remarques
Pour donner un point de repère aux A, n'hésitez pas à faire des parallèles avec le présent de l'indicatif. N'abordez pas encore les formes irrégulières, même si vous pouvez les évoquer si votre groupe vous pose des questions. C'est en effet un phénomène qui est aussi connu en italien et en espagnol.

Solution

fermer :	ferme, fermez
prendre :	prenez
(ne pas) regarder :	(ne) regarde (pas)

> 📹 Voir capsule de grammaire numéro 4 : **L'IMPÉRATIF**

3 a. Lisez les mots. Lesquels comprenez-vous ? 🔊 33

Objectif
Compréhension orale : comprendre oralement le vocabulaire du corps et le mémoriser.

Démarche pédagogique
- Regardez le lexique proposé par l'activité.
- Faites d'abord repérer les mots connus (cf. aussi 2a).
- Procédez à une première écoute à livres fermés.
- Faites écouter une deuxième fois et laissez les A comprendre l'ordre d'apparition des parties du corps.
- Repassez le document et laissez les A se corriger mutuellement avec leur voisin.

4 // ÇA FAIT DU BIEN !

- Faites une dernière écoute segmentée pour corriger en vous arrêtant après chaque partie du corps évoquée.

Solution

2.	la tête	7.	le bras
1.	le pied	9.	le visage
5.	le dos	11.	le nez
4.	le ventre	13.	l'oreille
3.	la jambe	10.	la bouche
8.	l'épaule	14.	les cheveux
6.	la main	12.	l'œil, les yeux

3 b. RENCONTRE. En petits groupes. Faites votre propre cours de yoga.

Objectif
Production orale : utiliser le vocabulaire du corps.

Démarche pédagogique
- Demandez aux A de commencer individuellement par imaginer une ou deux consignes pour faire un mouvement.
- Répartissez ensuite les A par groupes de trois ou quatre personnes et chacun donne alors les consignes aux autres.
- N'hésitez pas à bouger les tables, cette activité nécessite de se réapproprier l'espace de la classe.

Variante
Si votre classe n'est pas enthousiasmée par le yoga, vous pouvez transformer cette rencontre en un jeu sur le modèle de **Jacques a dit** + impératif. Il suffit de remplacer Jacques par le professeur et chaque fois qu'un A utilise *Le professeur a dit*, les autres doivent faire le mouvement, sinon ils ne doivent pas bouger.

4 a. Le petit Nicolas est malade.

Objectif
Compréhension écrite : comprendre un récit.

Démarche pédagogique
- Lisez vous-même le texte à voix haute.
- Faites-le ensuite lire en plénum pour éclaircir au fur et à mesure les problèmes de compréhension et pour corriger la prononciation.
- Demandez aux A de lire le texte individuellement et de souligner tout ce qu'ils comprennent.
- Interrogez les A sur le sens global du texte : *Qui est malade ? Pourquoi est-ce qu'il est malade ? Qui est « je » ?*

Solution

des caramels, des bonbons, des gâteaux, des frites, des glaces

4 b. À deux. Relisez le texte et soulignez.

Objectif
Compréhension écrite détaillée : comprendre le vocabulaire de la santé.

Démarche pédagogique
- Laissez les A relire le texte et trouver l'information correcte.
- Attirez l'attention des A sur les structures qui permettent de parler de son problème de santé : **avoir mal à** + partie du corps, **avoir de la fièvre, un rhume** ou **une bronchite**.

Solution

Nicolas a mal au ventre.
Il a trop mangé.
Il est malade.
Il aime bien le docteur.

> **Le saviez-vous ?**
> **Le Petit Nicolas** est un best-seller mondial écrit entre 1956 et 1965 par René Goscinny et illustré par Jean-Jacques Sempé. C'est une histoire pour la jeunesse constituée de courts récits humoristiques et intimes sur un jeune garçon de la ville. Par son langage d'enfant et les thèmes qui tournent autour de la famille et de l'école, ces histoires racontent l'enfance par un regard aussi drôle que tendre.

5 a. Dans la chambre de Nicolas.

Objectif
Compréhension écrite : associez un propos au bon locuteur.

Démarche pédagogique
- Vous pouvez donner un peu de temps aux A pour faire cette activité.
- Mais vous pouvez aussi la faire en plénum en lisant les unes après les autres les phrases de l'activité.
- N'hésitez pas à demander aux A de justifier leur réponse.

Solution

1. N – 2. M – 3. M – 4. D – 5. N – 6. D – 7. D – 8. N

ÇA FAIT DU BIEN ! // 4

5 b. Faites correspondre les phrases suivantes avec 5a.

Objectif

Compréhension écrite : introduction du discours indirect.

Démarche pédagogique
- Lisez les affirmations.
- Laissez les A trouver qui dit quoi.
- Attirez leur attention sur la structure Sujet + **dit** + **que**.

Remarques

Cette activité ne devrait pas poser de problèmes puisque la langue allemande fonctionne avec la même structure dans la proposition principale. Comme le rappelle l'encadré, c'est la proposition subordonnée qui sera structurée très différemment.

Solution

5. Nicolas dit à sa maman…
2. La maman dit à Nicolas…
1. Nicolas demande à sa maman…

5 c. Observez le tableau. Puis mettez au discours indirect.

Objectif

Grammaire : comprendre et employer le discours indirect.

Démarche pédagogique
- Lisez le tableau avec les A.
- À deux, ils doivent ensuite relire les phrases de 5a en les transformant : le premier laisse la première phrase au discours direct : *Maman dit : « Le docteur arrive bientôt. »* ; le deuxième A le met au discours indirect, et ainsi de suite.

Solution

3. La maman dit que Nicolas n'a pas bien dormi.
4. Le docteur demande si Nicolas a de la fièvre.
6. Le docteur dit que Nicolas doit prendre des médicaments.
7. Le docteur dit que Nicolas va bientôt guérir.
8. Nicolas dit qu'il veut son ours en peluche.

6 RENCONTRE. Une chaîne. Le malade imaginaire.

Objectif

Production écrite : parler d'un problème de santé fictif.

Démarche pédagogique
- Vous pouvez structurer la chaîne par trois termes : le premier dit son problème. Le deuxième cite au discours indirect le problème du premier et le troisième propose une solution (voir le modèle de l'activité).
- Vous répétez ensuite cette démarche avec trois nouveaux A.

Variante
- Après avoir renvoyé au lexique *Mes mots*, demandez à un A d'imaginer un problème de santé : *J'ai de la fièvre.*
- Demandez ensuite à l'A voisin de citer le problème de santé et d'en ajouter un autre : *J'ai de la fièvre et j'ai mal aux dents.* Et ainsi de suite jusqu'à ce que la chaîne soit brisée.

Remarques

La première façon de procéder est plus intéressante car elle permet de réutiliser tout ce qui a été vu jusqu'à présent. Cependant elle ne peut être efficace sans une certaine dose d'improvisation qui n'est pas forcément du goût de tout le monde. Dans ce cas, laissez aux A quelques minutes de préparation en leur donnant dès le début un rôle : attribuez une lettre (A, B ou C) aux A et expliquez-leur que le rôle A doit avoir un problème de santé, le rôle B doit citer la personne A et le rôle C doit donner une solution.

ALLÔ, DOCTEUR ?

7 a. Au téléphone. Écoutez et cochez. 🔊 34 [35]

Objectif

Compréhension orale : comprendre une conversation téléphonique et une prise de rendez-vous.

Démarche pédagogique
- Regardez avec les A le choix de réponses proposé par l'activité. Éclaircissez le vocabulaire qui ne serait pas clair.
- Écoutez une première fois et laissez les A trouver les bonnes expressions.
- Procédez à une deuxième écoute et corrigez avec les A.

4 // ÇA FAIT DU BIEN !

> **Solution**

On entend :
Ne quittez pas, s'il vous plaît.
Allô ?
Eugène Poirot à l'appareil.
Je voudrais prendre rendez-vous.
Un instant, s'il vous plaît.
Est-ce que je peux venir un peu plus tôt ?
Non. Désolé/e.
D'accord.
À cet après-midi.
Au revoir.

Les autres phrases :
À demain. *Bis morgen.*
Vous vous êtes trompé/e de numéro. *Sie haben sich verwählt.*
… un peu plus tard ? *etwas später ?*

7 b.   Monsieur Poirot est tombé malade. 🔊 34

Objectif
Compréhension orale sélective : comprendre une conversation téléphonique.

Démarche pédagogique
- Lisez les phrases de l'activité.
- Demandez aux A de faire des hypothèses à partir de ce dont ils se souviennent de leur première écoute.
- Procédez à la deuxième écoute.
- Corrigez en segmentant une troisième écoute.

> **Solution**

– L'homme est à la maison / chez lui.
– Il a mal à la gorge et à la tête.
– Il ne comprend pas bien la jeune femme, il demande de répéter.
– Son rendez-vous est à 16 h 15.

➕   Vous êtes malade.

Objectif
Production écrite : préparer une conversation avec un médecin.

Démarche pédagogique
- Demandez aux A de rassembler les phrases standard dont on a besoin au téléphone, puis de rédiger les informations importantes qui pourraient être demandées par un médecin.
- Si l'A est très motivé, vous pouvez lui demander ensuite de rédiger un court dialogue entre un médecin et son patient pour demander quels sont les problèmes de santé de ce dernier.

Remarques
Différenciation individuelle à la maison ou en classe, suivant votre planning et le temps à disposition.
Il peut être intéressant de comparer ensuite les différences interculturelles (patient privé, fonctionnement de la sécurité sociale, principe de solidarité contre principe de capitalisation…). La discussion devra cependant se faire en allemand, les A ne disposant pas encore des outils linguistiques pour le faire en français.

8   À deux. Choisissez une situation et jouez.

Objectif
Production orale : prendre rendez-vous.

Démarche pédagogique
- Lisez ensemble les scénarios proposés par l'activité afin d'être certain qu'il n'y aura pas de problèmes de compréhension.
- Par deux, laissez les A jouer deux situations où l'un et l'autre jouent successivement le secrétaire et le patient.
- Pour compléter il est aussi possible pour chaque groupe de jouer le scénario qu'ils ont laissé de côté en plénum.
- Les A peuvent simuler un appel téléphonique en tenant leur portable à l'oreille et en se mettant dos à dos pour ne pas se voir.

C'EST BON POUR LA SANTÉ.

9 a.   Que font ces personnes ?

Objectif
Production orale : parler du sport.
🌀 **Spirale** : **jouer à** et **faire du**.

Démarche pédagogique
- Regardez les images et associez les sports à leur représentation.
- Demandez aux A de décrire brièvement les sports de l'activité.
- Proposez aux A d'utiliser à deux les adjectifs proposés pour parler de ces sports.

Remarques
Cette activité semble anodine mais il faut avoir conscience que les A passent ici de la description au jugement de valeur, ce qui est un grand pas en avant par l'apprentissage des adjectifs adéquats.

ÇA FAIT DU BIEN ! // **4**

Solution

1. le jogging
2. le volley(ball)
3. le badminton
4. l'équitation
5. la boxe
6. le foot(ball)
7. le hockey
8. la natation

9 b. RENCONTRE. Que savez-vous les uns des autres ?

Objectif

Production orale : dialoguer sur le thème du sport.

Démarche pédagogique

- Demandez aux A de réfléchir aux sports qu'ils aiment, pratiquent et regardent. Ils peuvent prendre quelques notes, voire rechercher le lexique spécifique à leur propre pratique sportive.
- Par deux, laissez les A échanger entre eux en suivant le modèle proposé par l'activité.
- Demandez aux A de parler des goûts sportifs de leur interlocuteur en introduisant même éventuellement une information fausse : soit sur le verbe (**jouer, regarder, pratiquer**), soit sur le sport.

Remarques

Il ne s'agit pas seulement d'utiliser le vocabulaire du sport mais aussi, si vous le jugez nécessaire, de réviser la négation.

10 a. De quel sport parlent les gens ?

Objectif

Compréhension écrite : comprendre un témoignage sur le sport.

Démarche pédagogique

- Demandez aux A de lire les témoignages en se concentrant sur les mots qu'ils ne comprennent pas. Sont-ils capables d'en deviner le sens ? Normalement, le contexte devrait les y aider.
- Sont-ils ensuite capables de deviner le sport dont il est question ? Ne corrigez pas encore les réponses, ce sera l'objectif de 10b.

Remarques

Cette activité est une très bonne occasion d'entraîner à inférer à partir d'une brève description.

Solution

– C'est un peu comme le foot… : le rugby – ballon en bas à droite
– C'est mieux que le jogging… : le golf – balle au milieu à droite
– Mon sport est plus rapide… : le tennis de table – balle à gauche du texte

10 b. Écoutez et contrôlez. 🔊 36

Objectif

Compréhension orale : contrôler oralement des inférences.

Démarche pédagogique

- Écoutez les témoignages et contrôlez les réponses de l'activité précédente.
- Pour exploiter l'audio plus en profondeur, demandez par ex. si les A ont compris les âges de Pierre et de Bénédicte et la profession de cette dernière. Vous opérerez ainsi une répétition aussi rapide que salutaire.

10 c. Relisez les trois témoignages pour compléter le tableau.

Objectif

Grammaire : introduire la comparaison.

Démarche pédagogique

- Laissez les A reprendre les textes pour compléter les trous.
- Demandez-leur quelles sont les différentes structures de la comparaison qu'ils remarquent : **plus/moins/aussi + que** mais aussi la comparaison avec **comme** et l'usage du déterminant **même** et **pareil** pour les comparaisons d'égalité.
- Attirez ensuite leur attention sur les comparatifs irréguliers : **bon** (adjectif) qui devient **meilleur** et **bien** (adverbe) qui devient **mieux**.

Remarques

La comparaison de l'adjectif a été vue en A1 (unité 12). Il s'agit donc ici d'une révision et d'un approfondissement par l'ajout de **comme**, **même** et **pareil**.

Solution

C'est **aussi** fatigant **que** le squash.
C'est un peu **comme** le foot.
Nous avons tous la **même** passion.
C'est **plus** brutal **que** le foot.
C'est beaucoup **moins** facile.
Les règles **ne** sont **pas pareilles**.

11 RENCONTRE. Choisissez un sport et essayez de convaincre quelqu'un…

Objectif

Production orale : convaincre son interlocuteur.

Démarche pédagogique

- En guise de préparation, laissez du temps aux A pour réfléchir à un sport pour lequel ils voudraient faire de la publicité.

4 // ÇA FAIT DU BIEN !

- Ils ont besoin ensuite d'arguments simples : *C'est bon pour la santé / le corps / la tête…* mais aussi des arguments fondés sur les structures de la comparaison : *Le foot, c'est **mieux** que le rugby parce que c'est **moins** violent.*
- Demandez aux A de se mettre par deux et de se répartir les rôles : qui commence à parler de sport, qui est celui qui doit être convaincu.
- Expliquez-leur qu'ils doivent convaincre l'autre et fixer un rendez-vous pour une séance d'essai. Il faut donc qu'ils improvisent le lieu et l'heure du RDV.
- Laissez-les dialoguer.
- Une fois terminé, demandez-leur d'échanger les rôles.

Remarques
Ils ne doivent rien élaborer de compliqué mais rester dans le champ lexical de la leçon. Il faut donc éviter tout recours au dictionnaire. Recommandez plutôt d'utiliser l'annexe *Mes mots*.

> **Le saviez-vous ?**
> **Le sport préféré** des Français n'est pas seulement le football. Ils sont aussi férus de **tennis** et de **rugby**, sports qui ont une très large audience à la télévision grâce à des tournois très suivis : Roland-Garros pour le tennis et la coupe de France pour le rugby. Ce sont des sports très regardés mais aussi très pratiqués.

12 Lisez cet article.

Objectif
Compréhension écrite : comprendre un article sur la santé.

Démarche pédagogique
- Lisez cette fois le texte ensemble, une phrase par A. Éclaircissez le vocabulaire.
- Demandez ensuite aux A de faire la liste des conseils du programme national.
- Posez-leur alors la question : *comment sont formulés les conseils ? Pourquoi est-ce que vous les comprenez comme des conseils ?*
- Dans le même genre, demandez-leur de relever toutes les structures comparatives.
- Posez enfin la question de l'activité. Vous pouvez aussi demander de compléter avec d'autres conseils.

Solution
Proposition :
Moi, je trouve aussi qu'une bonne alimentation est importante. Je mange beaucoup de légumes, mais je ne mange pas beaucoup de fruits. Quand je peux, j'achète bio. Mais il faut dire que les produits sont parfois plus chers. Le samedi, je vais au marché et j'achète des produits de saison, locaux et régionaux.

13 Une recette avec un légume excellent pour la santé.

Objectif
Compréhension écrite : lire une recette de cuisine.

Démarche pédagogique
- Dans un premier temps, lisez les étapes avec les A pour les familiariser au style et au vocabulaire de la cuisine.
- Donnez-leur ensuite du temps pour remettre les étapes dans l'ordre. C'est un travail qui peut très bien se faire en groupes de 2.
- Corrigez enfin en plénum.
- Pour compléter, demandez aux A de dire s'ils aimeraient ou non cette recette et pourquoi. Quels ingrédients aiment-ils ou non ?

Remarques
Cette étape permet de préparer l'activité suivante.

Solution
1. Lavez et coupez les artichauts…
2. Mettez ensuite de l'huile d'olive…
3. Rajoutez le vin, …
4. 5 minutes avant la fin, …
5. Laissez refroidir au frigo…

14 Et vous ? Qu'est-ce que vous mangez régulièrement ?

Objectif
Production orale : parler de ses goûts ; participer à une conversation sur l'alimentation.

Démarche pédagogique
- Le plus simple est ici de lancer une discussion en plénum pour obliger les A à réagir spontanément. L'important est de ne pas lancer toutes les questions en même temps mais de structurer le dialogue de la classe.
- Pour cette raison il est préférable de fermer les livres.

ÇA FAIT DU BIEN ! // **4**

- Posez ensuite la première question : *qu'est-ce que vous mangez régulièrement ?* Laissez les A répondre, puis la deuxième question, et ainsi de suite.

Remarques
Ne soyez pas dogmatique en lançant une question l'une après l'autre comme si vous aviez un programme à réaliser. Laissez la conversation s'installer et relancez-la en puisant dans votre réserve de questions, en demandant plus de détails, en opposant les points de vue, etc.

15   RENCONTRE. Vous connaissez un plat délicieux et simple ?

Objectif
Production écrite et orale : rédiger une recette et en discuter.

Démarche pédagogique
- Donnez aux A le temps de rédiger une recette en 60 mots. Insistez sur ce point que leurs recettes doivent être délicieuses et rapides à faire.
- Laissez les A échanger leurs recettes.
- Chacun doit ensuite parler à la classe de la recette de son partenaire. Chacun peut ensuite poser des questions ou donner un commentaire.

RENDEZ-VOUS : LE WEEK-END RELAX DE SANDRINE

Objectif
Compréhension écrite : découvrir une personnalité et une culture francophones.

Démarche pédagogique
- Commencez par les activités de loisirs en général : demandez aux A de lire l'encadré à droite du texte ; clarifiez le vocabulaire si nécessaire.
- Laissez ensuite les A lire chacun pour soi l'introduction sur Sandrine et son témoignage.
- Posez les deux questions suivantes : *Quelles vacances est-ce qu'elle passe ? Comment est-ce que Sandrine a eu l'idée de partir en week-end ?*
- Lancez la conversation sur la thalassothérapie et surtout sur les loisirs pratiqués pendant les vacances.

EXERCICES

Prononciation
- **La mélodie du français** – Les enchaînements

Remarques
Vous pouvez ici avoir recours à la technique «à rebours», que les A connaissent bien de A1 : commencer par la fin de la phrase puis allonger les segments à prononcer :
1) dos.
2) *l' au dos.
3) J'ai mal au dos.

1) cours de yoga.
2) *ch' un cours de yoga.
3) Je cherche un cours de yoga.

Révisions
En préparation à l'unité suivante, où les A s'exprimeront sur leurs habitudes de consommation, incitez-les à réviser le champ lexical des **vêtements** qu'ils connaissent déjà.

PLATEAU 1

Les *Plateaux* ont plusieurs objectifs :
- la sensibilisation aux stratégies d'apprentissage avec des exemples d'application, et la prise de conscience par l'A lui-même de son style d'apprentissage ;
- le réemploi des contenus des unités précédentes dans un contexte ludique ;
- le réemploi des contenus des unités précédentes dans un contexte professionnel.

Le traitement des *Plateaux* en classe est facultatif dans le sens où ceux-ci n'introduisent pas d'éléments langagiers nouveaux. Le vocabulaire professionnel introduit n'est pas considéré comme acquis dans les unités suivantes.

STRATÉGIES DE LECTURE

1 a. Lire et comprendre.

Cette première activité a pour but de sensibiliser les A : qu'ils apprennent à se laisser du temps et à prendre connaissance de tout ce qui accompagne un texte. Ce n'est pas seulement une question esthétique, on trouve toujours des indices qui rendent possible une compréhension plus fine.
- Pour entraîner les A, donnez-leur 30 secondes (pas plus !) pour découvrir le texte sur les repas gastronomiques. Ils n'auront ainsi le temps que de se concentrer sur le genre du texte, la photo et le titre.
- Discutez de vos réponses en plénum.

1 b. À deux. Bonne lecture !

Les A doivent à présent réfléchir aux stratégies qu'ils déploient ou pourraient mettre en pratique pendant une lecture plus détaillée.
- Dans un premier temps, concentrez-vous sur l'appréhension du vocabulaire en expliquant aux A les trois stratégies de compréhension : contexte, ressemblance à la langue maternelle ou internationalisme.
- Laissez maintenant les A lire le texte à leur rythme et réfléchir au vocabulaire mis en italique. Discutez-en ensuite en plénum.

JEU : AU VILLAGE D'ANNE-MARIE

Bienvenue au Village d'Anne-Marie ! Les A ont ici la possibilité de réemployer des contenus des unités précédentes dans un contexte ludique et à travers une mise en situation donnée. Ils passent ici quelques jours de vacances dans un village qu'ils connaissent (*Rendez-vous* de l'unité 2). Ils se baladent dans le village et rencontrent Anne-Marie qui leur propose de boire un café. Le jeu permet ici de structurer un véritable jeu de rôles.

Les A jouent par groupes de deux ou trois. Le principe est similaire au jeu de l'oie : les A se déplacent de « DÉPART » à « BRAVO ! » (= Arrivée) en suivant les instructions des cases du plateau de jeu. Les réponses sont personnalisées. Il n'y a pas de « bonne » ou de « mauvaise » réponse ; il s'agit simplement de donner une réponse cohérente et linguistiquement correcte, ce dont jugent les autres joueurs.

FRANÇAIS POUR LA PROFESSION

Cette page traite le thème des réunions. Elle reprend les outils langagiers qui leur correspondent en les élargissant au contexte professionnel.

1 Lisez la définition puis faites une enquête.

- Pour introduire le thème, attirez l'attention des A sur l'illustration et le titre. Que peuvent-ils dire du sujet du texte ?
- Sont-ils capables de différencier les noms cités comme synonymes de « réunion » ? Évoquez le fait qu'il y a deux sortes de réunion : celles pour permettre une communication interne à l'entreprise et celles pour apporter à l'entreprise de nouvelles connaissances ou des amorces de réflexion stratégiques.

Au premier groupe appartiennent :
- La réunion traditionnelle en France est dirigée par un chef qui va transmettre ses ordres et attendre des employés présents des retours ou des exposés sur les résultats.
- Le *meeting* est une rencontre moins formelle qui peut préparer ou remplacer la réunion traditionnelle.
- Le *stand-up* est une réunion courte (15 minutes) pour discuter de l'ordre du jour ou de problèmes ponctuels.
- Un *conférence-call* est une visioconférence, une rencontre virtuelle ou téléphonique qui permet de coordonner des employés ou des partenaires qui se trouvent dans différents pays.

Au deuxième groupe appartiennent :
- La conférence : un exposé effectué par un intervenant extérieur sur un sujet donné.
- Le *brainstorming* : une rencontre pour trouver des idées et réfléchir à des solutions.

Lisez le texte avec les A et posez les questions de l'activité.

2 a. Qu'est-ce qu'une réunion efficace ?

- Dans un premier temps, demandez aux A de fermer les livres et de réfléchir à ce qui décide de l'efficacité ou non d'une réunion. Vous pouvez tracer deux colonnes au tableau : **la bonne réunion** et **la mauvaise réunion**.
- Une fois ce remue-méninges effectué, demandez aux A de reconstituer les étapes d'une réunion réussie : préparation, réalisation et quelles suites lui donner.
- À livres ouverts, faites-les maintenant comparer leurs réponses avec le document de l'activité.

2 b. À vous. Préparez ensemble une « bonne » réunion.

- Si le groupe le permet, formez des groupes de 3-4 A et nommez un chef par groupe.
- Laissez chaque groupe décider du contexte de la réunion. Quels en sont le sujet et le but ? Communiquer ou demander des résultats ? Discuter des objectifs de la semaine ? Trouver de nouvelles idées de produits ?
- Demandez au chef de déléguer les différentes tâches préparatoires pour la réunion et aux autres A de donner des détails sur ce qu'ils vont faire. Ex. :

Andréa, vous pourriez vous occuper des personnes à inviter ? Oui, nous pourrions inviter X et Y parce qu'ils…

3 a. Écoutez Madame Guilhem. 🔊 40

Écoutez l'interview et suivez les consignes de l'activité.

Solution

Avantages cités :
On n'a pas besoin de se déplacer, on peut rester à son bureau ou à la maison. C'est beaucoup plus économique, et c'est aussi nettement plus écologique.

Inconvénients cités :
Il faut être très sûr de la technique, il faut avoir une bonne connexion. Et il faut préparer une visioconférence mieux qu'une réunion normale. On peut perdre énormément de temps et d'énergie.

3 b. Un jeu.

Il s'agit ici non plus de préparer une réunion comme dans l'activité 2 mais de faire l'expérience d'une réunion. Vous pouvez la préparer en classe et organiser une visioconférence. Il y a beaucoup de plateformes gratuites, qui proposent des solutions diverses.
- La préparation : décider du thème et des rôles, et donc aussi de qui dirige la conférence.
- Procédez à un remue-méninges pour préparer les contenus de la conférence. Dans l'exemple donné, il est possible d'avoir des idées communes mais des différences sur les moyens de les mettre en pratique. Vous pouvez exploiter ces différences pour animer la conférence.
- Pendant la conférence, le modérateur donne la parole à chacun et veille à ce que personne ne parle trop. Il donne aussi le droit de réponse et peut intervenir pour compléter ou contester une proposition.
- Motivez les A pour parler le plus longtemps possible. Pour un groupe de 6 A par exemple, 5 minutes seraient déjà une grande réussite.

5 // TAPEZ VOTRE CODE

INTRODUCTION

Après la santé, les A vont pouvoir parler de leur consommation et apprendre à faire leurs courses dans un pays francophone. C'est une unité extrêmement utile où il va falloir non seulement débattre de ses pratiques de consommation mais aussi des règles de politesse afin de pouvoir interagir avec des interlocuteurs francophones dans les meilleures conditions possibles.

OBJECTIFS, CONTENUS

Communication
- Décrire des produits
- Parler de vêtements et d'objets de tous les jours
- Faire des achats et payer
- Parler de ses habitudes de consommation
- Formuler un souhait poliment

Grammaire
- Les pronoms COD
- La négation : **rien**, **jamais**, …
- Les verbes **mettre** et **payer**

Spirale
- Les adverbes de fréquence

Prononciation
- Les nasales : [ɑ̃] et [ɛ̃]

Lexique
- Les vêtements et les accessoires
- Les modalités de paiement
- Les lieux où l'on fait ses achats

Rendez-vous
- Véronique et son panier bio

Contenus culturels
- La mode en France
- Le marché aux puces

PREMIERS PAS

Nuage de mots. 🔊 41

Faites écouter l'enregistrement et travaillez avec les A selon la démarche indiquée page 9.

1 a. Où faut-il cliquer ?

Objectif
Lexique : apprendre le vocabulaire de la consommation.

Démarche pédagogique
- Demandez aux A de découvrir le document des Galeries de la Cité. Vérifiez si le vocabulaire est compris.
- En plénum, demandez-leur pour chaque objet s'ils pourraient le trouver aux Galeries. *Est-ce que les objets rentrent dans les catégories proposées ?*
- Traduisez au fur et à mesure, si nécessaire, les termes de l'activité.

Variante
- Écrivez le vocabulaire de l'activité sur des petits cartons.
- Faites piocher un carton par chaque A.
- Demandez ensuite si cet objet peut être acheté aux Galeries de la Cité.

> **Solution**
> - VÊTEMENTS : un pantalon
> - ACCESSOIRES : des lunettes de soleil
> - BEAUTÉ : de la crème solaire
> - LOISIRS : un sac à dos, un ballon de rugby
> - MAISON & JARDIN : une table, un vase, un couteau, une armoire à vêtements
>
> Objets qu'on ne peut probablement pas acheter : un livre, une bouteille de vin, un stylo, des mouchoirs en papier, des clés

1 b. Achetez-vous souvent des produits sur Internet ?

Objectif
Production orale : discuter de sa consommation en ligne.

Démarche pédagogique
- Lancez la discussion autour de la consommation en ligne en demandant aux A d'utiliser les mots du nuage appropriés.
- Les A doivent poursuivre la discussion jusqu'à ce que tous les mots (ou presque) aient été utilisés.

Remarques
Cette activité donne l'occasion aux A de parler de leur vécu et de citer des sites et des plateformes connues dans leur pays. La boucle sur les habitudes de consommation se refermera à l'activité 12.

OBJETS DE TOUS LES JOURS

2 a. D'après vous, qu'est-ce qu'il y a dans ces trois sacs ?

Objectif
Production orale : exprimer son opinion.

Démarche pédagogique
- Regardez avec les A les modèles de réponse : **à mon avis**, **je pense que**. Vous pouvez aussi rajouter **je crois que**, **d'après moi** ou **selon moi**.
- Demandez aux A à quel genre de personne pourrait appartenir quel sac.
- Posez-leur ensuite la question de l'activité : *Qu'est-ce qu'il y a dans ces sacs ?*

2 b. Écoutez et vérifiez vos suppositions. 🔊 42

Objectif
Compréhension orale : comprendre une énumération d'objets.

Démarche pédagogique
- Faites écouter une première fois et demandez globalement si les hypothèses précédentes étaient bonnes : *À qui sont les sacs ? Qu'est-ce qu'il y a dedans ?*
- Procédez à une deuxième écoute pour compléter la liste des objets contenus dans les sacs et pour déterminer l'objet qui se trouve dans les trois.

Solution
- Dans le cartable, il y a des clés (de sa maison et de l'école), des stylos, un parapluie, des mouchoirs en papier et des livres.
- Dans le sac à main, il y a un portefeuille, des lunettes de soleil, des clés (de sa maison et de sa voiture), un rouge à lèvres, un portable, un stylo noir, une boîte de bonbons et un livre.
- Dans le sac à dos, il y a des vêtements, une brosse à dents, un portable, un ou deux stylos, des mouchoirs en papier, un couteau suisse et une montre.

Le même objet dans les trois sacs : un stylo (ou deux).

3 a. Choisissez un objet... et décrivez-le.

Objectif
Lexique : introduction des matières ; décrire un objet.

Démarche pédagogique
- Commencez par donner aux A les moyens de la description : la couleur, déjà vue en partie en A1, la matière et la forme.
- Introduire les formes féminines particulières (**moyenne**, **longue**, **molle**, ...).
- N'insistez pas outre mesure sur les spécificités orthographiques (**orange**, **marron**, **bleu clair**... cf. le texte en marge).
- Insistez par contre sur la préposition **en** pour parler de la matière. Elle correspond à l'allemand *aus*.
- Demandez ensuite aux A de choisir un objet et de réfléchir à une description pour le faire deviner aux autres A.

Remarques
Vous pouvez aussi noter le nom des objets sur des cartes. Demandez aux A de tirer une carte et de faire deviner l'objet avec plus ou moins de temps de préparation.

3 b. RENCONTRE. Discutez. Qu'est-ce que vous avez toujours avec vous ?

Objectif
Production orale : parler de ses objets personnels.

Démarche pédagogique
- Au tableau, tracez trois colonnes : les objets nécessaires, les objets que l'on cherche, les objets perdus.
- Demandez aux A de réfléchir à un objet pour chaque catégorie.
- Chaque A donne sa réponse à partir des modèles donnés dans l'activité.

5 // TAPEZ VOTRE CODE

- Vous pouvez ensuite réfléchir avec les A : *Est-ce que les objets qu'on cherche sont souvent les objets qu'on perd ?*

Variante
- Vous pouvez aussi demander aux A de vider leur sac et leurs poches sur la table devant eux.
- Pour chaque objet, demandez-leur s'ils ont ces objets toujours avec eux.

4 a. Mes vêtements au travail. 🔊 43

Objectif
Lexique : introduction du vocabulaire des vêtements.
Compréhension orale : suivre une discussion sur les vêtements.

Démarche pédagogique
- Laissez les A écouter une première fois l'enregistrement et posez-leur la question globale de l'activité : *Quelle peut être la profession des deux personnes ?*
- Donnez du temps pour découvrir le vocabulaire en jeu.
- Faites écouter une deuxième fois en marquant de deux couleurs différentes les vêtements qui sont évoqués dans le document.

Remarques
Ne pressez pas trop les A sur la deuxième étape. La lecture du vocabulaire est une préparation importante pour une compréhension plus détaillée.

Solution
- La femme porte des chaussures et des chaussettes blanches, un pantalon blanc et une chemise blanche ou bleu clair.
- L'homme porte (en hiver) des vêtements chauds : un gros pull, une veste chaude, des bottes et un bonnet. En été, il porte un pantalon léger et un t-shirt. Et en été comme en hiver, il met un gilet jaune sur ses vêtements.

Leur profession : elle est peut-être infirmière, il est peut-être travailleur routier.

4 b. Qu'est-ce que vous portez aujourd'hui ?

Objectif
Production orale : décrire un habillement.

Démarche pédagogique
- Lancez la discussion en plénum et décrivez l'un de vos propres vêtements pour donner l'exemple d'une description. N'oubliez pas d'introduire le verbe **porter**, c'est le verbe nouveau de l'activité.
- Demandez ensuite aux A de faire pareil.
- Afin de varier les pronoms personnels, demandez aux A de décrire ce que vous portez.
- Puis plus généralement passez à d'autres personnes : *Qu'est-ce que X et Y portent aujourd'hui comme vêtements ? Comment est-ce que X et moi sommes habillés ?*

Remarques
Cette discussion permet d'une part de conjuguer sans s'en rendre compte le verbe **porter** et de réemployer les éléments de 3a (matières, adjectifs), qui seront importants dans la suite de l'activité. Il faudra peut-être élargir et présenter d'autres matières comme *synthétique* ou *caoutchouc*.

4 c. Un jeu à deux.

Objectif
Production orale : faire une devinette à partir d'éléments vestimentaires.

Démarche pédagogique
- Afin d'éviter que tout le monde choisisse la même personne, il peut être judicieux d'écrire les noms des A sur un carton, de les mélanger et de les redistribuer.
- Chaque A doit donner des indices sur le modèle proposé par l'activité.
- En plénum, les autres essaient de trouver la personne décrite.

Variante
- Vous pouvez aussi apporter des coupures de revues de mode ou demander aux A d'en apporter en prévision de cette activité.
- Accrochez les images dans la classe ou faites-les passer parmi les A et choisissez-en une. Les A doivent maintenant poser leurs questions et deviner laquelle vous avez choisi.
- L'A qui a deviné juste peut à son tour choisir une photo.

➕ Votre armoire.

Objectif
Production écrite : faire une liste de vêtements.

Démarche pédagogique
- Demandez aux A d'établir une liste de leurs achats de vêtements de ces six derniers mois.
- Vous pouvez élargir en demandant de compléter avec tous les vêtements qu'ils ont dans leur armoire.

- Cette liste peut ensuite servir de glossaire complémentaire pour les A qui aimerait élargir un peu plus leur vocabulaire.

Remarques
Différenciation individuelle à la maison ou en classe, suivant votre planning et le temps à disposition.

5   Discutez. Qu'est-ce que vous mettez…

Objectif
Parler des occasions de porter tel ou tel vêtement.

Démarche pédagogique
- Dans un premier temps, laissez les A se poser les questions par groupes de 2.
- Ensuite, posez ces questions au plénum.

Remarques
Attirez l'attention des A sur la conjugaison du verbe **mettre** et la difficulté qu'il représente pour le traduire en allemand. Rappelez-leur de l'utiliser.

6   Décrivez votre objet ou vêtement préféré.

Objectif
Production orale : décrire un objet ou un vêtement.

Démarche pédagogique
- Laissez un peu de temps aux A pour choisir un objet ou un vêtement et pour élaborer une description. Précisez bien qu'ils doivent décrire leur objet sans jamais le nommer.
- Laissez chaque A donner ses indices et les autres répondre.
- Corrigez.

Remarques
Incitez vos A à réutiliser les adjectifs de l'activité 3a.

7   RENCONTRE. Discutez. Vous avez le droit de prendre trois objets sur une île déserte.

Objectif
Production orale : discuter de ses goûts.

Démarche pédagogique
- Dans un premier temps, laissez aux A le temps d'un remue-méninges pour faire une liste de tout ce qu'ils voudraient emporter.
- Laissez les choisir et réfléchir au pourquoi de leur choix. Rappelez-leur que pour se justifier, ils peuvent utiliser la comparaison (*Sur mon île un t-shirt est plus utile qu'un pull.*), la causalité (*Je prends un livre parce que j'adore lire.*), le récit au passé à l'imparfait ou au passé composé (*Je prends un jeu de cartes. Autrefois, je jouais souvent au tarot en vacances.*).
- Laissez ensuite les A se lancer dans une discussion à deux, chacun demandant à l'autre ce qu'il prendrait sur cette île déserte et pourquoi il prendrait cette chose et pas une autre.
- Faites un dernier tour en plénum et demandez à chaque A ses trois objets mais en ne demandant une justification que pour un seul (celui qui vous étonne le plus par exemple).

Remarques
Rappelez-vous que l'intérêt de cette activité autour d'une île déserte est qu'il faut choisir, éliminer les choses les moins importantes et commencer à justifier ses choix.

DANS UN MAGASIN DE VÊTEMENTS

8 a.   Écoutez et lisez ce dialogue. 44 [45]

Objectif
Compréhension orale et écrite : suivre un dialogue dans un magasin de vêtements.

Démarche pédagogique
- Demandez aux A de fermer leurs manuels et d'écouter une première fois le document. Posez des questions globales : *Où est le client ? Qui sont les personnages du dialogue ? Qu'est-ce que le client achète ? Est-ce que vous pouvez déjà donner des détails ?*
- Écoutez une deuxième fois.
- Ouvrez les livres et demandez aux A de lire la transcription pour corriger leurs réponses.

Solution
Le client achète un costume et deux cravates (une bleu clair et une verte).

8 b.   Relisez le dialogue.

Objectif
Grammaire : saisir les substitutions pronominales.

Démarche pédagogique
- Attirez l'attention sur les phrases données par l'activité et trouvez avec les A à quoi font référence les pronoms personnels COD.

5 // TAPEZ VOTRE CODE

- Motivez les A en leur expliquant que cette forme est très souvent utilisée en français et qu'il est important de la comprendre pour suivre le fil d'une discussion.

Remarques
Seuls les pronoms pour la 3e personne sont traités dans cette unité. Les autres seront vus à l'unité 11.

Solution
Vous l'avez aussi en XL ? – le pantalon
Je le prends. – le pantalon
Comment vous la trouvez ? – la cravate noire
Je les apporte à la caisse. – les cravates.

Le saviez-vous ?
En France, **la mode** est une affaire d'État. Elle relève des créateurs mais aussi du ministère de la culture et de l'éducation : on protège les droits et on transmet des savoir-faire.

Voir capsule de grammaire numéro 5 :
LES PRONOMS PERSONNELS D'OBJET DIRECT

9 Une chaîne. Choisissez un objet ou un vêtement.

Objectif
Production orale : fixer et utiliser des pronoms personnels COD.

Démarche pédagogique
- Commencez en plénum. Demandez à un A de nommer un des objets proposés et de lancer la chaîne : l'A suivant fait une phrase avec un pronom personnel COD, il nomme ensuite un autre objet, etc.
- Compliquez un peu la chaîne : formez des groupes de trois et demandez au premier A de choisir un objet, au deuxième de faire une phrase et de choisir un deuxième objet, au troisième de reformuler les deux propositions des autres A.
- N'hésitez pas à choisir également des objets qui ne sont pas cités à cet endroit dans le livre : des clés, une cravate rose, etc.

Remarques
Cette activité permet de réviser le vocabulaire précédent de l'armoire ou plus ancien encore (portemonnaie, sac à dos, la cave ou le grenier), voire d'introduire « la poubelle » (qui apparaît dans l'unité 6).

10 a. L'expression de la politesse.

Objectif
Compréhension écrite : la formation de formes de la politesse par le conditionnel.

Démarche pédagogique
- Introduisez les A à la question des formes de politesse en leur demandant de comprendre les contextes des phrases données dans l'encadré.
- Laissez les A répondre aux questions de l'activité.

Solution
Phrases de gauche : le client / la cliente
Phrases de droite : le vendeur / la vendeuse

10 b. Lisez et écoutez la fin du dialogue.
🔊 46 [47]

Objectif
Compréhension orale : une situation de paiement dans un magasin.

Démarche pédagogique
- Laissez les A lire le dialogue et expliquez les passages qui ne seraient pas encore clairs.
- Faites jouer le dialogue à trois (il y a trois personnages : le client, la vendeuse et la caissière).
- Procédez à une première écoute pour repérer les éléments qui ne sont pas dans la transcription.
- Corrigez en faisant une deuxième écoute.

Remarques
Le dialogue de cette activité est la suite de celui de l'activité 8a, il fait intervenir le même personnage central.

Solution
- Là-bas à gauche, à côté du rayon enfants (femmes).
- De rien ! (Avec plaisir !)
- Ça fait 136,20 € (163,20 €).
- Et un sac (un sac en coton pour deux euros) ?

11 RENCONTRE. À deux. Choisissez un ticket de caisse et jouez la scène dans le magasin.

Objectif
Production orale : dialoguer dans un magasin.

Démarche pédagogique
- Par deux, laissez les A décoder les tickets de caisse (en particulier *TVA* pour *Taxe sur la valeur ajoutée*).
- Donnez aussi du temps pour se répartir les rôles et relire les textes des activités précédentes pour savoir comment structurer la discussion.

- Laissez les A jouer les deux rôles.
- Si les A aiment cela, chaque groupe peut jouer une fois la scène devant le plénum.

Remarques
N'oubliez pas de veiller à ce que les A utilisent le conditionnel de politesse.

ON CONSOMME TROP ?

12 Quelles sont vos habitudes d'achat ?

Objectif
Compréhension écrite : répondre à un questionnaire. Parler de ses habitudes d'achat.
Spirale : Les adverbes de fréquence.

Démarche pédagogique
- Lisez en plénum le questionnaire pour éviter les erreurs de compréhension.
- Donnez du temps pour répondre.
- Laissez ensuite les A comparer leurs réponses avec leur voisin.
- Demandez-leur enfin de faire deux ou trois comparaisons entre leurs réponses : *X et moi nous n'achetons rien en plastique. X fait des achats plus souvent que moi.*

Remarques
Cette activité permet de revoir les adverbes de fréquence et d'introduire les négations complexes sur lesquelles l'activité suivante va se concentrer.

13 a. Je ne connais personne qui achète des légumes sur Internet.

Objectif
Grammaire : formuler différentes formes de négation.

Démarche pédagogique
- Vous pouvez commencer par la question de l'activité en guise d'introduction.
- En vous basant sur le questionnaire de l'activité précédente, demandez aux A de compléter les phrases.
- Corrigez en attirant l'attention sur les nouvelles formes de la négation introduites ici.

Solution
Je **ne** connais **personne** qui achète des légumes sur Internet.
- Je **n'**achète **jamais** de produits de marque.
- Faire les courses ? Je **n'**aime **pas** beaucoup.
- Les vêtements qui **ne** me vont **plus** ? Je les donne.
- Je **n'**achète **rien** d'inutile.

13 b. Le marché aux puces.

Objectif
Compréhension écrite : lire un témoignage. Fixer la négation complexe.

Démarche pédagogique
- Demandez aux A s'ils comprennent l'expression **le marché aux puces**.
- Laissez les A lire le texte.
- Donnez-leur du temps pour faire l'activité individuellement.
- Faites une correction en plénum. Chaque A lit une phrase.

Remarques
Si les A n'éprouvent pas de difficulté avec ces formes de la négation, introduisez la double négation qui n'existe pas en allemand. Par exemple : **je n'achète jamais rien** sera traduit en allemand par *ich kaufe nie etwas*, c'est-à-dire une négation simple.

Solution
Moi, **je n'aime pas** beaucoup aller au marché aux puces et **je ne connais pas** beaucoup de personnes là-bas / **je ne** connais **personne** là-bas. Au marché aux puces, **on ne trouve rien** ! **Je ne trouve jamais** de livres intéressants, de vêtements de qualité et d'ustensiles de cuisine bon marché. **Je n'achète jamais rien**. C'est pourquoi, dimanche prochain, **je ne vais pas** me lever tôt et partir vite pour trouver un objet rare.

Le saviez-vous ?
Le **marché aux puces** est aussi appelé une brocante ou un vide-greniers et il s'agit d'une tradition européenne par excellence. Les amoureux germanophones de la brocante auront certainement beaucoup de plaisir à « chiner » sur les marchés aux puces de France, de Belgique ou de Suisse.

5 // TAPEZ VOTRE CODE

14   RENCONTRE. Faites une statistique de groupe.

Objectif
Production orale : réviser les acquis de l'unité.

Démarche pédagogique
- Dans un premier temps écrivez les questions au tableau.
- Posez ensuite les questions en plénum et inscrivez au tableau le nombre d'A d'accord avec les affirmations.
- Demandez aux A de commenter les résultats : *Dans notre classe, 3 personnes n'achètent rien au marché aux puces.* Ou, si aucun A n'est d'accord avec une affirmation : *Personne ne va avec plaisir dans les magasins.*
- Complétez cette activité en demandant aux A de se situer dans ces statistiques : *Moi, je n'achète rien au marché aux puces mais je vais avec plaisir dans les magasins.*

RENDEZ-VOUS : VÉRONIQUE ET SON PANIER BIO

Objectif
Compréhension écrite : découvrir une personnalité et une culture francophones.

Démarche pédagogique
- Regardez la petite photo et le titre. Laissez les A faire des hypothèses sur Véronique et sur l'aspect de la culture dont il va être question.
- Laissez les A lire la présentation et l'interview. *Avec quelle sorte d'association est-ce qu'elle travaille ? Quelle est son opinion sur cette association ?*
- Lancez la discussion à partir des questions posées.
- Lisez ensuite l'encadré et complétez la discussion. Que pensent les A de ce renouveau des anciennes espèces de fruits et de légumes ?

EXERCICES

Prononciation
- Le même son, différentes orthographes : les phonèmes [ɑ̃] et [ɛ̃]

Remarques
Ici, deux phonèmes, [ɑ̃] et [ɛ̃], sont analysés dans leur passage à l'écrit.
Consacrez assez de temps à la première partie de l'exercice, au besoin en écrivant les mots au tableau. Pensez à effacer le tableau avant la réalisation de l'exercice 14b, car tous les mots demandés en 14b, à l'exception de *comprends* (phrase 1) et *trente* (phrase 4) sont déjà représentés en 14a.

Révisions
En préparation à l'unité suivante, où il sera beaucoup question de voyages, et où les A se concentreront sur les emplois des temps du passé, incitez-les à réviser les formes du **passé composé (unité 2)** et de **l'imparfait (unité 3)**.

PARTIR À L'AVENTURE // 6

INTRODUCTION

Cette unité va gagner en complexité car il est temps d'introduire les relations entre le passé composé et l'imparfait dans le récit, et évidemment les marqueurs temporels qui les accompagnent. Mais partir à l'aventure signifie aussi s'exprimer, se justifier, poser des questions et résoudre des problèmes, ce qui constitue un approfondissement des compétences développées jusqu'à maintenant.

OBJECTIFS, CONTENUS

Communication
- Situer et décrire un évènement dans le passé
- Raconter des souvenirs, des anecdotes
- La météo
- Demander et donner des explications et des précisions
- Comprendre quelques mots de québécois
- Donner son point de vue, le justifier, parler de ses conséquences

Grammaire
- Imparfait et passé composé dans une narration
- Les déterminants temporels (I) : **en, il y a, à partir de**

Spirale
- Les connecteurs de discours

Prononciation
- Présent, passé composé, imparfait

Lexique
- Les paysages
- Le tourisme d'hiver
- Small talk (II)
- Le Québec francophone
- Les tendances du tourisme

Rendez-vous
- Olivier a organisé un chantier international

Contenus culturels
- Le français québécois
- Les mots qui viennent de l'allemand

PREMIERS PAS

Nuage des mots. 🔊 52

Faites écouter l'enregistrement et travaillez avec les A selon la démarche indiquée page 9.

1 Regardez les photos... Où sont ces personnes ?

Objectif
Production orale : situer des personnes.

Démarche pédagogique
- Commencez par faire décrire chaque photo. Lisez aussi les commentaires et vérifiez si les A les comprennent.
- Demandez ensuite où sont les personnes de dos sur les photos en suivant le modèle proposé par l'activité.
- Confrontez les hypothèses et les arguments pour lancer une brève discussion.

Remarques
Il s'agit ici de réactiver les savoirs antérieurs sur la situation spatiale et les expressions de la causalité. Introduisez ici les continents pour commenter les photos : l'Afrique, l'Amérique, l'Océanie (l'Australie) l'Asie (et l'Europe).

2 Aimez-vous voyager ?

Objectif
Production orale : parler de ses goûts en matière de voyage.

Démarche pédagogique
- En suivant le modèle donné par l'activité, demandez aux A de répondre à la question.
- N'hésitez pas à rappeler aux A qu'il est aussi possible de répondre en disant : *J'aime beaucoup le Canada parce que...* et non pas seulement avec *alors*.

Remarques
Il s'agit ici de réactiver les savoirs antérieurs sur l'expression des goûts et les expressions de la causalité.

6 // PARTIR À L'AVENTURE

AVENTURES À L'ÉTRANGER

3 a. Lisez les deux anecdotes.

Objectif
Compréhension écrite : lire un récit de voyage.

Démarche pédagogique
- Laissez les A découvrir les deux anecdotes en faisant attention au lexique et aux structures qui pourraient leur poser des difficultés.
- Demandez à quel texte correspond la photo.
- Lisez ensuite à voix haute en plénum (un A par phrase). À la fin de la lecture, demandez ce que l'animal a emporté ou fait.

Solution
Romain – le sac de sa collègue

3 b. Reliez la personne, le lieu et l'évènement.

Objectif
Compréhension écrite : comprendre dans le détail un récit de voyage.

Démarche pédagogique
- Laissez les A faire l'activité conformément à la consigne.
- Demandez ensuite de traduire cette approche schématique en une phrase construite. Ex. *En Australie, un animal a pris le sac de la collègue de Romain. Au Québec, Marie a entendu un animal qui a renversé les poubelles.*

Solution
Marie – Québec – un animal a renversé les poubelles
Romain – Australie – un animal a pris le sac

3 c. Relisez les anecdotes et complétez.

Objectif
Production orale : résumer un évènement passé avec **en** et **il y a**.

Démarche pédagogique
- Complétez le tableau de l'activité avec les bons éléments.
- Demandez de résumer les anecdotes en deux ou trois phrases en utilisant le modèle de l'activité.

Remarques
Soulignez la différence entre **il y a** qui exprime qu'un fait commence dans le passé et **en** qui suppose qu'une action était en cours de réalisation pendant cette période.

Solution
il y a trois ans – **en** 2017

Proposition :
C'était il y a trois ans. Marie faisait du camping au Québec. La nuit, un ours a renversé les poubelles. En 2017, Romain était en Australie avec une collègue. Ils se sont arrêtés pour prendre des photos. Un kangourou a volé le sac.

> Voir capsule de grammaire numéro 6 :
> **INDICATIONS DE TEMPS *EN* ET *IL Y A***

4 Passé composé ou imparfait ?

Objectif
Compréhension écrite : la différence entre l'imparfait et le passé composé.

Démarche pédagogique
- Vous pouvez suivre les indications de l'activité et travailler sur le texte conformément à la consigne.
- Expliquez la différence entre un évènement et une circonstance (voir l'encadré en marge).
- Laissez les A trouver le temps des évènements (le passé composé) et celui des circonstances (l'imparfait).

Variante 1
- Photocopiez le texte en enlevant les verbes et en les plaçant sur des morceaux de papier.
- Les A doivent placer les verbes à la bonne place.
- Corrigez ensuite en expliquant la différence entre un évènement et une circonstance (voir l'encadré en marge).

Variante 2
- Photocopiez le texte en ayant effacé les verbes.
- Demandez aux A – les uns après les autres – de venir écrire un verbe du texte au tableau.
- Expliquez la différence entre un évènement et une circonstance (voir l'encadré en marge).

Remarques
Il s'agit du tout premier contact des A avec un phénomène sémantique et grammatical qui deviendra très important en B1. Un premier approfondissement se fait dans cette même unité (cf. activités 12 à 14).

PARTIR À L'AVENTURE // 6

5 À deux. A choisit l'un des deux récits…

Objectif

Compréhension écrite : emploi guidé de l'imparfait et du passé composé.

Démarche pédagogique
- Par groupes de deux, les A choisissent le texte de Marie ou de Romain.
- Chacun interroge son partenaire à partir des questions fournies par l'activité.
- Corriger en plénum pour voir si la distinction a été bien comprise.

6 a. Arrivée au Québec. 🔊 53 [54]

Objectif

Compréhension orale : suivre une discussion avec du vocabulaire inconnu. Sensibilisation à l'accent québécois.

Démarche pédagogique
- Présentez le contexte du dialogue.
- Procédez à une première écoute avec les livres fermés en demandant aux A d'identifier les Français et le Québécois.
- Faites écouter une deuxième fois à livres ouverts et faites l'activité.
- Corrigez par une troisième écoute segmentée en vous arrêtant après chaque réponse.

Remarques

N'hésitez pas à faire réécouter une fois en demandant aux A de percevoir la différence d'accent entre Éric et Samira. Il y a une différence surtout au niveau des voyelles qui sont légèrement plus longues ou légèrement prononcées comme des diphtongues.

Solution

On entend :
Pardon ? Je n'ai pas compris.
Qu'est-ce que ça veut dire ?
Je veux dire…
Ça veut dire…

6 b. Réécoutez et complétez les phrases. 🔊 53

Objectif

Compréhension orale : saisir de manière détaillée un dialogue avec des mots inconnus.

Démarche pédagogique

Faites une nouvelle écoute et arrêtez-vous après les trois phrases de l'activité. Les A comprennent-ils à partir du contexte ce que cela veut dire ?

Solution

ici – froid – voiture

7 À deux. Petit lexique québécois. 🔊 55

Objectif

Compréhension orale : retrouver des significations.

Démarche pédagogique
- Demandez aux A par groupes de 2 de réfléchir aux significations des mots québécois.
- Pendant ce temps, inscrivez les mots dans deux colonnes.
- Demandez à chaque groupe de relier les termes québécois avec leur traduction française.

Remarques

Cette activité repose sur la puissance de déduction et d'inférence des A. Autrement dit, certains mots peuvent être déduits de leurs connaissances du français (**magasiner** par exemple), alors que certains autres doivent être « devinés » à partir de l'anglais (**catcher** par exemple).

Solution

bon matin :	bonjour
magasiner :	faire les magasins
cute :	mignon / mignonne
le gaz :	l'essence
une blonde :	une copine
catcher :	comprendre
être en amour :	être amoureux
un chum :	un copain
être chaud :	être ivre

Le saviez-vous ?

Le français et le québécois se différencient non pas à l'écrit mais à l'oral et seulement en ce qui concerne la prononciation et le lexique. La grammaire reste identique entre les deux variétés. Certes il y a des variétés régionales (le *joual* à Montréal ou la *magoua* à Trois-Rivières) qui ont parfois une syntaxe plus libre mais encore une fois ce sont des formes orales.

La principale différence qui saute aux oreilles des étrangers qui découvrent le Québec est le vocabulaire employé. C'est un mélange où l'on reconnaît différentes influences :
- certains mots considérés comme anciens en France : les Québécois utilisent encore **à cause que**, que les Français ont remplacé par **parce que**, ou le mot **char** pour concurrencer l'anglais **car**, qui en français reste un **chariot** tiré par des chevaux.

6 // PARTIR À L'AVENTURE

- les langues autochtones, présentes essentiellement dans la toponymie (Québec) et dans les champs sémantiques de la flore et de la faune, avec des mots parfois empruntés à d'autres cultures américaines, après un «passage» par l'Europe, comme le **caribou**, le **mocassin**.
- enfin et surtout, de très nombreuses références à l'anglais qui sont reprises de l'anglais ou traduites littéralement : **cute**, **luck** ; des mots anglais francisés : **checker** (vérifier) ou **spotter** (repérer) ; des expressions traduites littéralement : on ne **pose** pas sa candidature à un travail, on **fait application**, reprenant l'anglais **job application**.

La raison de cette influence est due à la domination anglaise à la fin du XVIIIème siècle et à l'industrialisation : tous les employeurs étaient de langue anglaise. Il fallut donc que les francophones venus des campagnes apprennent leur travail d'ouvrier en anglais. Néanmoins, le français n'a jamais cessé d'être une langue de résistance et une composante essentielle de l'identité québécoise.

8 RENCONTRE. Est-ce qu'il y a des mots «étrangers» dans votre langue ?

Objectif
Production écrite : réfléchir sur le plurilinguisme de sa propre langue.

Démarche pédagogique
- Laissez les A réfléchir à tous les mots étrangers qui leur viennent à l'esprit.
- Demandez-leur de déterminer leur origine : française, anglaise, latine, grecque…
- Discutez de l'influence la plus importante sur les langues maternelles des A. Savent-ils pourquoi il en est ainsi ?

Remarques
Les A germanophones sont toujours très amusés et surpris par l'influence qu'a pu avoir l'allemand sur le français, même si cette influence est plus limitée que l'inverse. Cette activité donne toujours lieu à un bon moment de cours.

> **Le saviez-vous ?**
> **Les mots qui viennent de l'allemand**
> Si vous allez sur des pages Internet consacrées au français d'origine germanique, vous serez surpris de retrouver, à côté des classiques comme **trinquer** (venant de *trinken*) et de **vasistas** (qui vient de *Was ist das*), des mots comme le **boulevard** (du moyen-haut allemand et du néerlandais *bolwërc*), **extraverti**, **foudre** et un grand nombre de mots commençant par **h** mais qui ont perdu l'aspiration d'origine (**la hutte, le hussard**, le verbe **hisser**) mais sont employé avec le hiatus du «h aspiré» qui empêche la liaison et l'élision.

VACANCES D'HIVER

9 a. Lisez le prospectus.

Objectif
Compréhension écrite : lire un prospectus.

Démarche pédagogique
- Laissez les A lire le prospectus et associer les photos aux activités soulignées en gras.
- Demandez-leur ensuite de retrouver dans le texte le champ lexical de l'hiver et de la montagne.
- Au tableau, dessinez une carte mentale pour que tous les A aient le vocabulaire sous les yeux.
- Cherchez avec les A des mots supplémentaires.

9 b. Une chaîne. Les activités d'hiver…

Objectif
Production orale : Parler de ses activités hivernales en utilisant **déjà** et **jamais**.

Démarche pédagogique
Faites l'activité conformément aux consignes.

Remarques
Vous pouvez enrichir votre chaîne en ajoutant une détermination de temps et de lieu : *Où et quand avez-vous déjà fait ceci ou cela ?*

10 RENCONTRE. Partez-vous en vacances… ?

Objectif
Production orale : discuter librement sur la base d'un texte écrit. Parler de ses vacances.

Démarche pédagogique
- L'activité vous propose un double objectif pour orienter la conversation.
- Vous pouvez commencer par parler des périodes pendant lesquelles les A partent en vacances. Que font-ils pendant ces vacances ?

PARTIR À L'AVENTURE // 6

- Dans un deuxième temps, posez la question de l'activité : Quelle est leur relation à la publicité ? À cette publicité en particulier.
- Revenez à la fin au texte pour discuter des marqueurs qui font de ce texte un document publicitaire : points d'exclamation, adjectifs superlatifs, chiffres, **plus de…**, etc.

11 La météo. Écoutez le bulletin… 🔊 56

Objectif
Compréhension orale : suivre un bulletin météo radiophonique.

Démarche pédagogique
- Écoutez une première fois à livres fermés et demandez aux A de quoi il s'agit. Quelles informations ont-ils compris : quelles villes ? Quel temps ?
- Ouvrir les livres et expliquer le vocabulaire qui ne serait pas encore clair : **verglas**, **avalanche**, **brouillard**.
- Écoutez une deuxième fois.
- Si besoin, procédez à une troisième écoute en vous arrêtant après chaque réponse.

Remarques
Cette activité reprend un thème qui a été déjà vu dans l'unité 10 de *Rencontres A1*. Il s'agit de réviser, de rafraîchir et d'approfondir.

Solution
soleil – chute de neige – risque de brouillard – risque de verglas – 10 à 0 °C

➕ Vous travaillez à la radio.

Objectif
Production écrite et orale : faire une chronique radio.

Démarche pédagogique
- En suivant le modèle de l'activité 11, demandez aux A de rédiger une info-météo sur le temps dans notre région (ou dans leur pays ou région d'origine), puis éventuellement de l'enregistrer.
- L'info-météo doit durer environ 1 minute.
- Vous pouvez plus tard exploiter ces enregistrements soit pour une correction personnalisée de la prononciation, soit pour faire écouter en classe et demander aux A de se corriger mutuellement.

Remarques
Différenciation individuelle à la maison ou en classe, suivant votre planning et le temps à disposition. Une fois les textes corrigés, recommandez aux A de se réécouter pour entendre leurs fautes. C'est un exercice parfois perçu comme désagréable, mais il est très efficace pour améliorer la compréhension orale et grammaticale.

12 a. Les risques d'accident en montagne.

Objectif
Compréhension écrite : lire un fait divers.

Démarche pédagogique
- Laissez les A lire l'article et répondre à la question du temps.
- Demandez ensuite aux A d'identifier les termes qui leur ont permis de comprendre les informations recherchées.
- Peuvent-ils expliquer le titre ?

Solution
– Le matin, il y avait beaucoup de neige, mais il faisait beau.
– À midi, le brouillard est tombé.

12 b. Relisez l'article. Placez les verbes au passé composé sur la scène…

Objectif
Grammaire : approfondir l'emploi du passé composé et de l'imparfait dans un récit. Situer les actions du récit.

Démarche pédagogique
- Demandez aux A de souligner tous les verbes conjugués au passé composé et à l'imparfait.
- Placez chacun des verbes sur la scène ou dans le décor.
- Que peut-on dire sur la fonction du passé composé et de l'imparfait ?

Remarques
La représentation graphique qui accompagne l'activité permet de visualiser un phénomène habituellement perçu par les A comme difficile.

Solution
sur la scène : ils se sont levés – ils ont décidé – Ils ont suivi – ils ont avancé – le brouillard est tombé – ils ont entendu – Ils ont eu très peur – ils ont eu de la chance – l'avalanche est passée – Paul est devenu
dans le décor : c'était – Paul passait – il y avait – il faisait

6 // PARTIR À L'AVENTURE

13 Avant d'écrire l'article,... 🔊 57

Objectif
Compréhension orale : comprendre une interview. Employer l'imparfait et le passé composé.

Démarche pédagogique
- Donnez du temps pour compléter l'activité.
- Laissez chaque A lire une phrase sans donner la réponse.
- Écoutez l'interview pour vérifier.

Remarques
La partie écoute n'est pas seulement pour l'auto-correction mais aussi et surtout pour sensibiliser les A à la différence phonétique entre le passé composé et l'imparfait (cf. aussi l'exercice de prononciation à la fin de l'unité).

Solution
était – étais – étions – avait – sommes partis – sommes restés – avons quitté – est arrivé – a entendu – était – est passée

14 RENCONTRE. Souvenez-vous d'un évènement particulier.

Objectif
Production orale : structurer un récit au passé. Raconter une expérience.

🌀 **Spirale** : Les connecteurs de discours.

Démarche pédagogique
- Suggérez aux A de s'inspirer des amorces de l'activité pour trouver un évènement particulier.
- Laissez-les dessiner une progression schématique du récit.
- Rajoutez les connecteurs (cf. aussi « Spirale » en marge) et demandez-leur de réfléchir à ce qu'ils vont dire à l'imparfait et au passé composé.
- Laissez les A raconter leur évènement.

Remarques
Il est important dans cette activité de procéder à la correction avant que les A ne lisent leurs textes à voix haute.

15 a. Lisez et associez les phrases...

Objectif
Compréhension écrite : comprendre un texte sur les vacances.

Démarche pédagogique
- Lisez en plénum les trois tendances actuelles des vacanciers. Assurez-vous que tout le monde comprend.
- Laissez les A lire individuellement les citations et les associer à la bonne phrase.
- Corrigez en demandant aux A de justifier leur choix.

Remarques
Les trois phrases à relier avec les tendances introduisent trois connecteurs de cause et conséquence.

15 b. Quelle tendance... ?

Objectif
Compréhension écrite détaillée : aborder les tendances touristiques actuelles.

Démarche pédagogique
Pour chaque groupe évoqué dans l'activité, demandez aux A de trouver la bonne tendance et d'expliquer pourquoi. Pour les gens stressés par exemple, il est possible de répondre *le bleisure* ou *les vacances-maison*.

Remarques
Rappelez aux A d'utiliser les modèles de communication de l'activité et les connecteurs introduits en 15a.

16 RENCONTRE. Et vous, vous préférez quel(s) type(s) de vacances ?

Objectif
Production orale libre : parler de ses vacances.

Démarche pédagogique
- Si vos A sont nombreux, faites cette activité par groupes, sinon elle se fait très bien en plénum.
- Expliquez aux A qu'ils doivent exposer la tendance touristique dans laquelle ils se reconnaissent et justifier leur point de vue par une comparaison, un souvenir ou une raison introduite par **parce que**.
- Vous pouvez prolonger cette activité en laissant les A raconter leur plus beau / pire souvenir de vacances. C'est une bonne conclusion pour un cours.

Remarques
Cette activité de transfert final donne l'occasion de réutiliser tout ce qui a été vu jusqu'à présent.

PARTIR À L'AVENTURE // 6

RENDEZ-VOUS : OLIVIER A ORGANISÉ UN CHANTIER INTERNATIONAL

Objectif
Compréhension écrite : découvrir une personnalité et une culture francophones.

Démarche pédagogique
- Avant de commencer à lire, laissez les A faire des hypothèses sur ce qu'est un *chantier international* à partir des photos. Est-ce qu'ils peuvent décrire Olivier et les personnes présentes ?
- Laissez du temps pour lire la description et l'interview. Comprennent-ils le projet et pourquoi Olivier s'est-il lancé dans une telle entreprise ?
- Lancez la discussion sur le goût ou non des A pour les travaux manuels : *Qu'est-ce que vous faites vous-mêmes à la maison ? Est-ce que vous préférez appeler un spécialiste ?* Élargissez ensuite la discussion sur les avantages ou les inconvénients d'un chantier international et demandez s'ils auraient l'envie d'y participer.

EXERCICES

Prononciation
- Présent, passé composé ou imparfait ?

Remarques
Il s'agit ici d'une discrimination orale de temps fréquemment confondus par les A.

Révisions
En préparation à l'unité suivante, où les A s'exprimeront sur les fêtes et le bonheur, et où ils apprendront un nouveau temps, le conditionnel, incitez-les à revoir la **conjugaison de l'imparfait (unité 2)**, qui sera utile dans ce contexte.

7 // MERCI POUR LES FLEURS !

INTRODUCTION

Cette nouvelle unité propose de reprendre de nombreux contenus du manuel A1 (politesse, expression du but, demander de l'aide) mais le contexte est ici très différent et permet d'approfondir considérablement ces thèmes en introduisant aussi le conseil, le thème du cadeau, le compliment… et le conditionnel, important pour s'exprimer poliment.

OBJECTIFS, CONTENUS

Communication
- Féliciter et présenter ses vœux
- Faire des compliments
- Offrir et remercier
- Demander de l'aide et donner des conseils
- Exprimer le but

Grammaire
- **tout, tous**
- **offrir, recevoir**
- Conditionnel présent : forme et utilisation

Spirale
- Le corps, les symptômes, **avoir mal à**

Prononciation
- **tous, plus**

Lexique
- Small Talk (II)
- Formules de politesse
- Félicitations
- Cadeaux
- Sentiments

Rendez-vous
- Lina et les repas à la française

Contenus culturels
- Trinquer en français
- Qui est Virginie Dumont ?
- Les repas à la française

PREMIERS PAS

Nuage de mots 🔊 60

Faites écouter l'enregistrement et travaillez avec les A selon la démarche indiquée page 9.

1 Lisez les petits plaisirs de la vie.

Objectif
Compréhension écrite : introduire le vocabulaire.

Démarche pédagogique
- Lisez avec les A les petits plaisirs de la vie et laissez-les faire des hypothèses sur les mots qui manquent.
- Lisez à présent le vocabulaire proposé et, en plénum, complétez les phrases.
- N'oubliez pas d'expliquer le vocabulaire qui n'aurait pas encore été compris.

Remarques
Vous pouvez compléter cette unité en demandant aux A si le nuage de mots parle des petits plaisirs ou plutôt des grands plaisirs ?

> **Solution**

Jouer au **foot** avec les copains – Prendre **l'apéro** – Faire la cuisine pour des **amis** – Lire un bon **livre** – Offrir un cadeau à **quelqu'un qu'on aime** – Boire le **café** du matin au lit – Fêter son **anniversaire** avec toute sa famille

2 a. Quels sont pour vous les trois petits plaisirs les plus importants ?

Objectif
Production orale : parler de ses goûts.

Démarche pédagogique
- Demandez aux A de faire une enquête auprès des autres en posant à chaque fois la question : *Quels sont tes trois petits plaisirs les plus importants ?*
- Une fois l'enquête terminée, laissez les A revenir sur leurs résultats.
- Chacun peut ensuite dire avec qui il est d'accord.

Remarques

Laissez les A se débrouiller pour répondre afin de les obliger à mobiliser leurs connaissances préalables.

2 b. Avez-vous d'autres petits plaisirs ?

Objectif
Production orale : discuter des plaisirs et faire une liste.

Démarche pédagogique
- En vous inspirant de l'illustration proposée par le manuel, réalisez une liste au tableau.
- Chaque A peut venir au tableau pour compléter la liste.

Variante
- À la place de la liste, vous pouvez aussi demander aux A de faire une liste sous la forme d'une carte mentale. Laissez-les d'abord travailler individuellement. Quels sont leurs petits plaisirs ?
- Comparez ensuite les différentes réponses et notez les réponses communes.
- Plus une réponse est commune aux A et plus vous pourrez l'écrire en grand au tableau. Commencez par le milieu.

FÉLICITATIONS !

3 a. Des cartes de vœux.

Objectif
Compréhension écrite : comprendre une carte de vœux.

Démarche pédagogique
- Regardez les illustrations en plénum et demandez aux A d'expliquer l'occasion pour laquelle une telle carte peut être envoyée.
- Laissez ensuite les A faire l'activité.
- Corrigez et expliquez le vocabulaire des descriptions si nécessaire.

Remarques
Avec l'avènement du numérique, il s'agit ici des quatre occasions pour lesquelles on rédige encore des cartes. Une cinquième occasion est la condoléance que nous avons omise ici.

Solution
1. Bienvenue à bébé ! …
2. Tous nos meilleurs vœux…
3. Mon amour, tous les jours…
4. Que le temps passe vite ! …

3 b. RENCONTRE. Écrivez-vous et recevez-vous (encore) des cartes ?

Objectif
Production orale : parler de son rapport aux cartes de vœux.

Démarche pédagogique
- Cette activité peut être réalisée en plénum sous la forme d'une discussion générale.
- Vous pouvez poser les questions en essayant de lancer la conversation entre les A.
- Vous pouvez ajouter des questions : *Qu'est-ce que les cartes électroniques ont changé ? Est-ce la même chose que de recevoir un e-mail et une carte par la poste ?*

Remarques
Demandez aux A de faire attention à la conjugaison du verbe **recevoir** et de l'utiliser.

4 Relisez les textes et complétez le tableau.

Objectif
Grammaire : appréhender **tout** comme déterminant.

Démarche pédagogique
- Demandez aux A de relire les textes précédents en se concentrant sur le déterminant **tout**.
- Est-ce qu'ils peuvent comprendre les raisons des différentes formes ? Laissez-les identifier les changements selon le genre et selon le nombre.
- Demandez-leur de compléter les trous de l'activité.

Solution
toute la vie – **tout** le bonheur…
tous nos meilleurs vœux – **toutes** les nuits

5 Complétez les phrases avec les formes de *tout*.

Objectif
Fixation : l'utilisation de **tout**.

Démarche pédagogique
- Individuellement, laissez les A compléter le texte avec la bonne forme du déterminant **tout**.
- Laissez-les se corriger par deux.
- Corrigez en plénum.

Solution
tous – toutes – Toute – tous – tout – tout

7 // MERCI POUR LES FLEURS !

6 Je te souhaite…

Objectif

Production écrite : rédiger une carte de vœux.

Démarche pédagogique

- Divisez votre classe en groupes de 2 voire 3 personnes.
- Attribuez à chaque groupe une des occasions proposées par l'activité.
- Demandez aux A de procéder à un remue-méninges pendant cinq minutes sur ce que l'on souhaite normalement dans ces occasions.
- En plénum, demandez à chaque groupe d'exposer ses idées.
- Donnez le temps nécessaire pour rédiger un texte de 20 à 30 mots.

Remarques

Le vocabulaire utile pour cette activité est indiqué dans *Mes mots*. Demandez aux A d'utiliser ce lexique le plus possible pour cette activité.

JOYEUX ANNIVERSAIRE !

7 a. Écoutez. Qui fête… ? 61 [62]

Objectif

Compréhension orale : comprendre une conversation autour d'un anniversaire.

Démarche pédagogique

- Laissez les A écouter une première fois à livres fermés.
- Demandez de comprendre les deux informations importantes demandées par l'activité.

Remarques

Ne corrigez pas ! Les A doivent le faire eux-mêmes dans l'activité suivante.

> **Le saviez-vous ?**
> Dans tous les pays francophones on trinque en disant **santé**, **tchin**, **à ta santé**, **à votre santé**, **à la tienne** ou **à la vôtre**.

Solution

Élodie fête son anniversaire.
Pour trinquer, on dit **À la vôtre !** ou **À la tienne !** ou **À votre santé !** ou **À ta santé !**

7 b. Écoutez et lisez le dialogue pour vérifier. 61

Objectif

Compréhension écrite : comprendre une conversation autour d'un anniversaire.

Démarche pédagogique

- Écoutez une deuxième fois en faisant noter les mots clés. Vous pouvez orienter ce travail par des questions de compréhension plus précises. Par exemple : *De quel vêtement est-ce qu'on parle ? Qu'est-ce qu'ils boivent pour faire la fête ?*
- Ouvrez les livres et vérifiez les réponses de l'activité a et b avec la transcription.

7 c. Cherchez dans le dialogue…

Objectif

Production orale : faire des compliments.

Démarche pédagogique

- Demandez aux A de relire le texte et de compléter les phrases individuellement.
- Ensuite, laissez-les réfléchir à deux compliments qu'ils pourraient faire à deux personnes du groupe.

Remarques

Les A devraient limiter leurs compliments aux vêtements et aux caractères physiques. Cela permet de revoir ce lexique une fois de plus.

Solution

pour l'invitation. – **Tiens**, c'est pour toi. – **Comme** elle est jolie, …

8 Qu'est-ce que vous offrez pour un mariage… ?

Objectif

Production orale : maîtriser le verbe **offrir**. Parler de cadeaux.

Démarche pédagogique

- Attirez l'attention des A sur la conjugaison du verbe **offrir**. Malgré sa terminaison en **-ir**, sa conjugaison est au présent celle du premier groupe.
- Posez la question de l'activité en plénum. Laissez répondre, pour chaque occasion, un tiers de la classe afin que tout le monde ait dit quelque chose et ait utilisé le verbe *offrir*.

Remarques

Rappelez aux A qu'ils peuvent utiliser les modèles de réponse fournis par l'activité.

9 Tenez, c'est pour vous !

Objectif
Production orale : faire un cadeau.

Démarche pédagogique
- Les A écrivent leurs noms sur un papier, mélangez-les et redistribuez-les.
- Laissez une ou deux minutes pour réfléchir à un cadeau.
- Chaque A se tourne vers la personne qui lui a été attribuée et commence : *Tiens, je t'offre un bouquet de fleurs.* La réponse se fait alors en suivant le modèle : *Merci beaucoup pour le bouquet de fleurs.* ou *Je te remercie pour le bouquet de fleurs.*

Remarques
N'hésitez pas à faire (ou refaire) cette activité avec le vouvoiement. Les A ont tendance – et c'est normal – à se tutoyer et à en oublier progressivement le vouvoiement qui est pourtant plus important pour eux s'ils se rendent en France.

10 RENCONTRE. À trois. Vous êtes invité/e…

Objectif
Production orale : jouer l'arrivée à un anniversaire.

Démarche pédagogique
- Formez des groupes de 3 voire de 4 A.
- Donnez trois minutes de préparation pour déterminer les rôles de chacun (hôte, invité avec le cadeau, le deuxième invité est un partenaire, un ami, un inconnu ?).
- Précisez bien que tous les éléments du dialogue doivent être présents : arrivée, remerciement, offrir un cadeau, faire des compliments, etc.
- Faites jouer la scène d'abord à l'intérieur du groupe en guise de répétition.
- Faites jouer enfin la scène devant le plénum.

PENSEZ POSITIF !

11 a. Besoin d'aide ? Lisez le message…

Objectif
Compréhension écrite : lire un témoignage sur la santé.
Spirale : Le corps, les symptômes, **avoir mal à**.

Démarche pédagogique
- Demandez aux A de ne lire que le premier texte ; le témoignage de Lotus21.
- Posez des questions globales : *C'est quel type de texte ? Quel est le thème ? Qu'est-ce qu'un lotus ? Qui est Lotus21 ? (Une femme)*
- Lisez le texte et faites la liste des symptômes au tableau avec l'aide des A.
- Complétez avec des questions sur la personne de Lotus21. *Pourquoi est-ce qu'elle ne comprend pas ? Qu'est-ce qui ne justifie pas son stress ?*

Solution
Elle dort mal. – Elle n'a envie de rien. – Elle n'a pas d'énergie. – Elle s'énerve pour des détails.

11 b. Lisez les réponses des internautes.

Objectif
Compréhension écrite : comprendre des conseils exprimés sur un forum.

Démarche pédagogique
- Lisez d'abord les questions avec les A, cela leur donnera des pistes pour relire de manière ciblée les textes de Nine56 et de Positif.
- Laissez-les répondre.
- Pour finir, demandez quels sont les marqueurs qui permettent de comprendre qu'il s'agit de réponses : usage de l'adverbe **aussi** et **en effet**.

Remarques
Veillez à ce que les A reprennent le futur proche (révision d'A1).

Solution
- a eu des migraines : Nine56
- conseille d'aller voir un professionnel : Positif
- a fait de la méditation : Nine56

12 a. Retrouvez dans le texte les formes du conditionnel et complétez le tableau.

Objectif
Grammaire : découvrir le conditionnel.

Démarche pédagogique
- Laissez les A chercher dans le texte des verbes avec des terminaisons nouvelles.
- Expliquez la formation du conditionnel à partir de l'infinitif (sauf pour les verbes qui se terminent par une voyelle où le **e** tombe).
- Ajoutez les terminaisons et n'hésitez pas à élargir les conjugaisons par les verbes du texte : **devoir**, **aller**, **faire**, etc.

7 // MERCI POUR LES FLEURS !

Remarques
Les A remarquent maintenant qu'ils emploient déjà le conditionnel… sous la forme **je voudrais**, connue depuis la toute première unité de A1.

Solution
dans le texte : je voudrais – vous pourriez – tu devrais – ça pourrait – je parlerais – j'irais – je ferais
formes du tableau : faire : je ferais – aller : j'irais – devoir : je devrais

> ▶ Voir capsule de grammaire numéro 7 :
> **LE CONDITIONNEL**

12 b. Un thérapeute contacte Lotus21.

Objectif
Grammaire : apprendre l'usage du conditionnel pour donner des conseils.

Démarche pédagogique
- Lisez le texte avec les A sans donner les solutions. Assurez-vous que tout le monde comprend.
- Donnez du temps pour ordonner les verbes et les conjuguer.
- Corrigez en plénum.

Solution
je ferais – je sortirais – j'apprendrais – j'attendrais – Je pourrais

13 a. Observez l'adolescent…

Objectif
Production orale : décrire une illustration ; parler de l'adolescence.

Démarche pédagogique
- Commencez par le titre. Est-ce que les A le comprennent ? Il faut probablement expliquer la raison de l'impératif **souriez**, comme si on voulait prendre en photo le lecteur.
- Passez ensuite à l'illustration. *Qu'est-ce qu'elle montre ? Quel est le rapport avec le titre ?*
- L'activité vous suggère ensuite d'élargir la discussion : *Est-ce que vous êtes parents ou avez été parents d'un adolescent ? Quelle image ont les ados ?*

Remarques
L'introduction de ce thème permet, par un changement de perspective inattendu, de donner un nouvel élan à l'utilisation du conseil.

> **Le saviez-vous ?**
> **Virginie Dumont** est psychologue et auteure de nombreux ouvrages sur l'éducation et la pédagogie. Elle intervient à la radio et est responsable pédagogique d'une association de prévention pour la protection de l'enfance.
> *Souriez, vous êtes parents d'adolescents !* est un ouvrage de conseils pour comprendre et vivre avec un ado à la maison.

13 b. Un parent fait des reproches.

Objectif
Production orale : donner des conseils et faire des reproches simples.

Démarche pédagogique
- Faites l'activité.
- Vous pouvez compléter en demandant aux A de se répartir en deux groupes. Le premier cherche cinq conseils que pourrait donner un parent. Le deuxième groupe cherche cinq conseils que pourraient donner les ados – aux parents (cf. aussi activité suivante, *En plus*).
- Mettez ensuite un « parent » avec un « Ado » et laissez-les confronter leurs conseils. Le parent commence, l'ado lui renvoie un autre conseil (révision de **et toi ?** ou de **toi aussi**).

➕ Les ados aussi donnent des conseils.

Objectif
Production écrite : rédiger des conseils.

Démarche pédagogique
- Prolongez l'activité précédente par un exercice écrit où un ado rédige un message pour ses parents. Il leur donne des conseils et peut se plaindre des contraintes qui lui sont imposées.
- Ne demandez pas plus de trois conseils.

Remarques
Différenciation individuelle à la maison ou en classe, suivant votre planning et le temps à disposition.

14 RENCONTRE. Écrivez un problème…

Objectif
Production écrite : donner des conseils.

Démarche pédagogique
- Regardez avec les A les suggestions de problèmes proposées par l'activité.

MERCI POUR LES FLEURS ! // 7

- Complétez la liste par un remue-méninges. *Quels autres problèmes est-ce qu'on peut aussi avoir ?*
- Conformément aux consignes, demandez aux A d'écrire sur un ou sur deux papiers un ou deux problèmes (selon le temps que vous avez à disposition). Chaque problème est évidemment une phrase complète.
- Demandez aux A qui donnent un conseil de commencer par les structures données en 13b.

Remarques
Cette stratégie du tirage au sort permet d'instaurer une distance symbolique entre les A et les problèmes réels qui pourraient être actuels pour eux.

15   Écrivez un e-mail à Lotus21.

Objectif
Production écrite : rédiger un e-mail et formuler des conseils.

Démarche pédagogique
- Faites relire le texte de Lotus21 de l'activité 11.
- Demandez de rédiger un e-mail avec un « objet » (ou un titre) et avec au moins trois conseils (ils peuvent s'inspirer des conseils du thérapeute).

Remarques
La référence à l'activité 11 est importante car maintenant que les A connaissent le conditionnel, ils sont capables de participer au forum.

16 a.   Que feriez-vous avec un million d'euros ?
🔊 63

Objectif
Compréhension orale : écouter un témoignage et des conseils.

Démarche pédagogique
- Faites écouter une première fois et demandez aux A s'ils ont compris ce que feraient les personnes interrogées avec leur argent. Ont-ils repéré les informations essentielles ?
- À partir de ces passages, demandez aux A de faire l'activité conformément aux consignes de l'activité. Procédez à une deuxième écoute.
- Demandez aux A de repérer la conjugaison employée par les personnes interrogées. Par une troisième écoute, proposez aux A de lever la main ou de dire **là** quand ils entendent le conditionnel.

Remarques
Sans le dire, les A passent de l'usage du conditionnel pour donner un conseil au conditionnel pour faire des hypothèses.

Solution
arrêter de travailler – acheter une maison – offrir des cadeaux – partager l'argent

plus difficile :
- La personne arrêterait de travailler. Elle partirait sur un bateau.
- La personne achèterait une maison sur une île, au soleil.
- La personne offrirait des cadeaux à toute sa famille. Ensuite, elle ferait un grand voyage.
- La personne partagerait l'argent avec des gens qui ont des projets intéressants. Et elle donnerait peut-être aussi à des organisations humanitaires.

16 b.   RENCONTRE. Et vous, que feriez-vous ?

Objectif
Production orale : discuter de ce que l'on ferait.

Démarche pédagogique
- Chaque A réfléchit individuellement à la question : que ferais-je avec un million d'euros ? Et chacun essaie de trouver trois choses (c'est important pour augmenter les chances de trouver des propositions communes).
- Suivez les consignes de l'activité et laissez les A comparer entre eux leurs idées.
- En plénum demandez aux A lesquels ont des idées communes : ont-ils eu la même idée pour les mêmes raisons ?

Remarques
Veillez à ce que les A utilisent le conditionnel pour parler de ce qu'ils feraient avec un million d'euros. La fin de l'activité permet de poursuivre la spirale commencée dans l'unité 1 et qui sera essentielle en B1.

SOURIEZ POUR ÊTRE HEUREUX.

17   D'après l'article, qu'est-ce qu'il faut faire... ?

Objectif
Compréhension écrite : lire un article.

Démarche pédagogique
- Le verbe **sourire** a été introduit dans le nuage de mots en début d'unité, et il figure dans le titre du livre de Virginie Dumont, donc les A le connaissent.
- Lisez l'article avec les A ou laissez-les le lire individuellement.

65

7 // MERCI POUR LES FLEURS !

- En plénum : *Qu'en pensent-ils ?* N'oubliez pas de conclure les questions de l'activité par une prise de distance : *Est-ce que vous avez toujours envie de sourire ? Si non, pourquoi ?*

Remarques
Les activités de ce segment sont très positives et une séance de français doit bien évidemment rendre heureux mais vous pouvez les élargir avec le vocabulaire des contraires si vous le voulez : **heureux/-euse** ou **triste** ou **malheureux/-euse**, **détendu/e**, **calme** ou **stressé/e**, etc.

Solution
D'après l'article, il faut sourire.

18 Pensez à la journée d'hier.

Objectif
Production orale : raconter ce qui rend heureux.

Démarche pédagogique
- Lisez d'abord les modèles de réponse avec les A afin qu'ils prennent conscience de la complexité des phrases qu'ils sont maintenant en mesure de formuler.
- Suivez ensuite les instructions. Il s'agit aussi de mettre en pratique le passé composé et l'imparfait. N'hésitez pas à le faire remarquer aux A.

Variante
- Demandez à chaque A de faire attention à ce que les autres racontent.
- Quand tout le monde a fini de raconter, refaites un tour mais cette fois les A doivent raconter ce que leur voisin a dit.
- Chacun doit alors passer de la première personne à la troisième personne.

19 a. Formez deux équipes.

Objectif
Production orale : mobiliser le vocabulaire de l'unité.

Démarche pédagogique
- Dans un premier temps, donnez 5 minutes pour réfléchir à ce qui pourrait être dit.
- Placez deux affiches (feuille de format A3 ou plus grand) sur les deux murs opposés de votre classe.
- Écrivez à gauche ou en haut *Sourire, c'est bon pour…* et à droite ou en bas *Sourire, c'est bon contre…*
- Divisez votre classe en deux et faites deux queues devant chacune des affiches. Mettez ensuite de la musique ou chronométrez 2 à 3 minutes pendant lesquelles les A doivent écrire de mémoire le vocabulaire qui entretient un rapport avec le sourire.

19 b. Chaque équipe cite ses phrases.

Objectif
Production orale : faire des phrases.

Démarche pédagogique
- Continuez avec l'activité suivante. L'équipe qui a écrit le plus de mots **avec les articles** et sans faute a gagné.
- Une fois le vocabulaire corrigé, demandez à chaque membre de chaque équipe de lire les phrases composées avec **pour/contre** + nom ou avec **pour** + infinitif.

20 Des citations.

Objectif
Compréhension écrite : compléter des citations.

Démarche pédagogique
- Si vous avez le temps, écrivez ces parties de citations sur deux sortes de fiches différentes et laissez les A travailler par groupes de deux.
- Complétez avec les demi-citations suivantes : *Faire du sport, se détendre – travailler, sourire. Sourire, c'est – oublier la tristesse. Il faut sourire – pour être belle.*

Solution
- Le sourire ne coûte rien.
- Pour vivre heureux, il faut sourire et se sourire.
- Il ne faut pas attendre d'être heureux pour sourire, il faut sourire pour être heureux.

21 RENCONTRE. Discutez.

Objectif
Production orale libre : discuter du sourire.

Démarche pédagogique
Reprenez les citations de l'activité précédente et demandez aux A de les expliquer et de les associer à des moments ou des exemples concrets tirés de leur vie.

Remarques
Cette activité forme une boucle avec le démarrage de l'unité sur *les petits plaisirs*.
On continue par ailleurs la réutilisation du passé composé et de l'imparfait (si possible). N'oubliez pas que la réelle maîtrise des concordances des temps appartient au niveau B1.

RENDEZ-VOUS : LINA ET LES REPAS À LA FRANÇAISE

Objectif
Compréhension écrite : découvrir une personnalité et une culture francophones.

Démarche pédagogique
- Lisez le premier paragraphe : *D'où pourrait venir Lina ?* Laissez les A faire des hypothèses. (Le texte ne donne pas de réponse, on apprend seulement que Lina vient d'un autre pays.)
- Demandez de lire le deuxième paragraphe et laissez les A comprendre ce qui surprend Lina : l'apéritif et le repas dominical.
- Lancez ensuite la discussion à partir des consignes de l'activité.
- Attirez l'attention sur l'encadré à propos de l'apéritif. Il peut permettre d'enrichir ou de relancer la discussion. Les A connaissent-ils ce principe ? Que serviraient-ils ?

EXERCICES

Prononciation
- L'exercice 12 donne une explication complète de la prononciation du [s] dans **tous** et **plus**.

Remarques
N'hésitez pas à demander aux A de formuler des conseils avec **tous** et **plus** afin qu'ils mettent en pratique ce qui vient d'être appris. Le thème des repas offre de nombreuses possibilités.

Révisions
En préparation à l'unité suivante, où les A s'occuperont de formes d'habitat et de paysages, incitez-les à se remémoriser les **moyens de transport (A1)** et les **expressions utiles au téléphone (unité 4)**.

8 // QUE LE MONDE EST PETIT !

INTRODUCTION

En commençant cette nouvelle unité, attirez l'attention sur le titre. Les A le comprennent-ils ? Va-t-il s'agir de voyage ou d'autres choses ? Les A vont découvrir les pronoms toniques ainsi que le présent progressif et **y** comme pronom remplaçant une indication de lieu. Ils vont ainsi avoir l'occasion d'affiner leurs talents pour parler des lieux, des moyens de transport et au téléphone.

OBJECTIFS, CONTENUS

Communication
- Décrire un logement, un paysage, une scène, un équipement technique
- Demander et donner des informations sur un lieu
- Parler des moyens de transport
- Téléphoner
- Expliquer ce qu'on est en train de faire

Grammaire
- Les pronoms toniques
- L'expression de lieu (II)
- **vivre**
- Le pronom **y** : position et usage
- **être en train de**

Spirale
- Les moyens de transport

Prononciation
- Prosodie : les élisions

Lexique
- L'habitat
- La campagne
- L'immeuble
- Les moyens de transport
- La technologie (I)
- Au téléphone (II)

Rendez-vous
- Polly et Fabien sur les routes de France

Contenus culturels
- Ostende
- Liège

PREMIERS PAS

Nuage de mots 🔊 67

Faites écouter l'enregistrement et travaillez avec les A selon la démarche indiquée page 9.

1 a. Associez le mot et sa définition.

Objectif
Compréhension écrite : découvrir le lexique

Démarche pédagogique
- Lisez le vocabulaire de l'activité et laissez les A inférer le sens des mots à partir de l'anglais ou de l'allemand par exemple.
- Laissez-les associer les mots avec leur définition.
- Associez les formes de logement avec la photo correspondante. Complétez avec le vocabulaire des photos : **l'appartement, le paradis**.

Solution
– un immeuble – C'est une maison haute… – photo no. 2
– un bateau – C'est sur l'eau. … – photo no. 3
– un château – Avant, des aristocrates… – photo no.1
– une ferme – C'est une maison à la campagne, … – photo no. 4

1 b. Écoutez. Où habite la personne ? 🔊 68

Objectif
Compréhension orale : suivre un témoignage sur le logement.

Démarche pédagogique
- Écoutez le témoignage et commencez par la question globale de l'activité.

QUE LE MONDE EST PETIT ! // **8**

- Procédez ensuite à une deuxième écoute en demandant de comprendre si la personne est positive ou négative. Elle commence par donner les avantages et utilise un **par contre** pour parler des désavantages.
- Posez ensuite la question aux A sur leur goût en matière d'habitation. Demandez-leur de justifier leur réponse en utilisant les moyens langagiers des leçons précédentes.

Remarques
Cette première activité insère dès le début l'unité dans la spirale d'ensemble. Laissez les A réinvestir le vocabulaire du logement pour à nouveau les laisser mettre en pratique leur compétence de parler de leurs goûts.

Solution
La personne habite dans une ferme.

OÙ VIVEZ-VOUS ?

2 a. Lisez cette publicité d'une entreprise belge.

Objectif
Compréhension écrite : lire une publicité sur un logement.

Démarche pédagogique
- Laissez les A découvrir le document et ne commencez pas par le titre. Vous y reviendrez à la fin.
- Décrivez la photo de gauche en amenant les A à différencier l'intérieur et l'extérieur. Il y a un rapport à la nature qui est mis en avant par l'entreprise.
- Observez la photo de droite à présent. Les A décrivent essentiellement la personne, réinvestissant ainsi un peu plus les acquis des unités précédentes. Ils peuvent aussi s'essayer à décrire des éléments cachés derrière le jeune homme : *un frigo, de la vaisselle, une table, deux fenêtres, un rideau bleu…*
- Demandez de lire le texte de la publicité conformément aux consignes de l'activité.
- Terminez en demandant d'expliquer le titre. Pourquoi **le bonheur** et **la liberté** ?

Variante
- Demandez d'expliquer le nom de **micro-maison** en s'appuyant sur les photos.
- Lisez le texte et établissez une fourchette de prix entre le petit budget et le gros budget.

- Lancez une conversation (ou une recherche si possible) sur l'existence de ces micro-maisons dans votre pays.
- Est-ce que les A aimeraient cette forme de logement ? Demandez-leur d'utiliser le conditionnel pour répondre.

Remarques
Les photos constituent ici le document le plus important pour commencer mais ce n'est une nécessité. Par ailleurs, demandez aux A d'utiliser si possible le verbe **vivre** en plus ou au lieu du verbe **habiter** (voir l'encadré en marge).

Solution
Proposition :
Cette entreprise fabrique des micro-maisons. À mon avis, c'est pour une personne ou pour maximum deux. Et je pense que ça coûte entre 30 000 et 50 000 euros.

2 b. Écoutez l'émission « Gens d'ici ». 🔊 69 [70]

Objectif
Compréhension orale : écouter une interview.

Démarche pédagogique
- Procédez à une première écoute et demandez aux A s'ils comprennent globalement les informations complémentaires : surface d'habitation, pièces, origine de l'idée, prix et nature de la clientèle. Il ne s'agit pas encore de donner des détails mais seulement le type d'informations.
- Faites une deuxième écoute en suivant les consignes de l'activité.

Solution
On entend :
– Qu'est-ce que vous faites exactement ?
– Ce n'est pas trop petit ?
– Combien de personnes peuvent vivre dans vos maisons ?
– Comment avez-vous eu cette idée ?
– Combien coûte une micro-maison ?
– Qui achète vos maisons ?

2 c. Écoutez encore une fois et notez… 🔊 69

Objectif
Compréhension orale : écouter de manière détaillée une interview.

8 // QUE LE MONDE EST PETIT !

Démarche pédagogique
- Avant de procéder à l'écoute supplémentaire, assurez-vous que les A ont bien compris les questions.
- Vous pouvez, avant de réécouter l'audio, faire déjà un tour de table en plénum pour voir si certains n'auraient pas déjà compris ceci ou cela. Mettez alors les hypothèses en commun pour permettre d'aiguiser la compréhension des A.
- Écoutez, voire réécoutez une nouvelle fois par segments cette fois pour que les A appréhendent bien ce qui a été dit et comment cela a été dit.

Remarques
Pour clore cette activité, vous pouvez revenir sur la photo de droite. *Est-ce que la personne correspond à la clientèle décrite dans l'interview ? Et pourquoi pas un retraité ?*

3 a. Lisez ces messages.

Objectif
Compréhension écrite : lire des messages sur un forum.

Démarche pédagogique
- Après une première lecture personnelle, pendant laquelle vous aurez tracé deux colonnes (**pour** et **contre**) au tableau, demandez pour chaque message si les personnes sont pour ou contre.
- Pour chaque réponse, demandez de justifier avec les indices textuels qui permettent de donner telle ou telle réponse : *génial, exclamation affirmative, ouais, bof, aucune chance, et puis quoi encore*, etc.
- Soulignez que ce sont des expressions typiques du registre familier.

Remarques
Attirez l'attention sur la troisième contribution et l'absence du **ne** dans l'expression de la négation. Comme l'explique l'encadré en marge, son oubli est une marque de l'oralité. Il est cependant important de ne pas l'oublier dans un écrit plus officiel.

Solution
Proposition :
- **jackym** est pour cette forme d'habitat, parce qu'on se sent libre.
- **leonvanb** est contre, parce qu'il est trop grand et trop gros. Il trouve que c'est trop petit pour lui.
- **yenamarre** est contre. Il pense que le monde moderne est fou.

Le saviez-vous ?
Ostende est une ville belge flamande au bord de la mer du nord. Elle est parfois appelée **la reine des plages** ou **la ville belge la plus britannique** car une grande proportion de touristes vient de Grande-Bretagne. C'est cependant aussi une destination très appréciée des Belges eux-mêmes car la température de l'eau est très agréable en été. Ostende est une ville touristique mais depuis le XIIIème siècle elle est aussi un port de pêche toujours en activité.

3 b. Cherchez dans les messages les mots manquants dans le tableau.

Objectif
Grammaire : utiliser les pronoms toniques.

Démarche pédagogique
- Demandez aux A de souligner dans les contributions précédentes les pronoms toniques, à savoir ceux qui ne sont pas suivis d'un verbe mais sont là pour souligner la ou les personnes concernées par l'action.
- Laissez les A compléter le tableau vert tilleul et attirez leur attention sur les explications en marge.
- Demandez-leur à présent d'enrichir leur compétence pour donner leur avis par ces indicateurs essentiels pour appuyer son point de vue.

Remarques
Notez ici le passage à des éléments qui dépendent de la situation subjective et non plus seulement de formules fixes.
Donnez le temps aux A de repérer et de comprendre la fonction des pronoms toniques avant de les utiliser.

Solution
Moi, je…   **Eux**, ils…
Lui, il…

> ▶ Voir capsule de grammaire numéro 8 :
> **LES PRONOMS TONIQUES**

QUE LE MONDE EST PETIT ! // **8**

3 c. Nelly et sa famille ont acheté une micro-maison. 🔊 71

Objectif

Grammaire : fixer l'usage des pronoms toniques.

Démarche pédagogique

- Laissez les A compléter le texte.
- Demandez aux A de lire le texte à voix haute.
- Écoutez le texte et laissez les A contrôler leurs réponses.
- Relisez le texte avec les A et demandez-leur s'ils comprennent l'argument du texte. *Pourquoi est-ce que Nelly et sa famille ont acheté une micro-maison ?*

Variante

- Commencez par lire vous-même le texte en laissant des «lacunes» dans votre élocution puis laissez les A répondre à la question de l'activité. Cette première étape permet de comprendre qui est impliqué dans les actions du texte.
- Laissez ensuite les A remplir les trous et écouter le texte pour corriger.

Solution

Avant, Lionel et **moi**, on louait un petit appartement […] notre petite Lucie est née. Avec **elle**, tout a changé. […] **moi**, je suis traductrice mais Lionel, **lui**, il n'a pas encore fini ses études. …] Pour **nous** trois, c'est l'idéal. […] Lucie adore ! Pour **elle**, chaque nouvel endroit est une nouvelle aventure.

4 a. Qu'associez-vous à la Belgique ?

Objectif

Compréhension écrite : découvrir la Belgique. Développer une compréhension interculturelle. Décrire des paysages.

Démarche pédagogique

- Pour préparer cette activité, vous pouvez opérer un rapide retour sur la publicité en 2a : dans quel pays l'entreprise fait-elle de la publicité pour les micro-maisons ? Dans quelle région ? Quelle est l'image (implicite) de la Belgique que cette publicité reflète ? Un pays de nature ?
- Faites une carte mentale en écrivant **Belgique** au milieu. Procédez à un remue-méninges à livres fermés.
- Ouvrir les livres et compléter la carte mentale avec la lecture du texte.
- À l'aide du vocabulaire, demandez maintenant de décrire les photos. N'hésitez pas à motiver les A à mobiliser le vocabulaire A1 (les couleurs par exemple, les saisons…).

Variante

- Avant de commencer à lire le texte, proposez aux A de se diviser en 3 groupes. Chacun doit décrire une photo sans regarder le texte.
- Les groupes lisent leurs descriptions et les autres doivent deviner de quelle photo il s'agit.
- Lisez le texte de l'activité.
- Demandez aux A d'expliquer à quels thèmes du texte renvoient les photos.

Solution

Proposition :
- Sur la première photo, on voit une forêt. Le soleil brille. C'est très vert et calme.
- Sur la deuxième photo, on voit une belle ville avec des grandes maisons. Il y a aussi des arbres et un canal ou une rivière.
- Sur la troisième photo, on voit la mer, une plage, des dunes et un bateau. Il fait beau. C'est l'été.

4 b. En groupes. Écrivez les cinq meilleures raisons…

Objectif

Production écrite : présenter les spécificités culturelles de sa ville ou de sa région.

Démarche pédagogique

- Tout le monde travaille sur la même région.
- Par groupes de deux, demandez aux A de se répartir les thèmes du texte : la cuisine, le caractère des habitants, la culture, les villes et la nature.
- Chaque groupe rédige une raison d'aller dans sa région.

Variante

- Formez des groupes et demandez-leur de donner les raisons pour visiter telle ville ou telle région. Demandez aux différents groupes de ne pas prendre la même ville ou la même région.
- Laissez suivre le modèle et donnez-leur des affiches (ou des pages format au moins A3) pour faire un poster.
- Affichez les posters en classe et, avec des post-it®, demandez aux A de donner leur avis sur les affiches des autres groupes.

5 RENCONTRE. Faites une liste d'éléments importants pour votre habitat de rêve.

Objectif

Production orale libre : fixer des critères d'évaluation d'un logement et en discuter.

8 // QUE LE MONDE EST PETIT !

Démarche pédagogique
- Après avoir établi une liste d'éléments importants, demandez aux A de trouver une autre personne avec qui on aurait quelques éléments en commun.
- Dans un deuxième temps, demandez à chaque binôme ainsi formé de présenter ces éléments en utilisant la première personne du pluriel (accent tonique + conjugaison).
- Pour ceux qui n'auraient pas trouvé de partenaire, laissez présenter les éléments qu'ils n'ont pas en commun : *Lui, il a… et moi, …* Vous aurez ainsi travaillé de nombreuses configurations possibles.

D'UN ENDROIT À L'AUTRE

6   Une exposition de photos anciennes à Liège.

Objectif
Production orale : décrire une photo.

Démarche pédagogique
- Clarifiez les adverbes de lieu pour préparer à la description.
- Laissez les A décrire la photo en laissant chaque A en décrire un élément.

Solution

Proposition :
Sur la photo, je vois un grand bâtiment. Devant le bâtiment, il y a une grande place. En bas à droite sur la photo, il y a deux tramways. Je pense qu'ils ne roulent pas vite. Ils sont peut-être arrêtés, car c'est un arrêt de tramway. À gauche, c'est l'entrée du bâtiment, et je pense que c'est une gare, parce qu'il y a une horloge au milieu, comme dans toutes les gares. Et derrière ce bâtiment, il y a des maisons.
Il y a aussi des gens sur la photo, il y a beaucoup d'hommes, mais je ne vois pas de femmes. Il y a des gens qui sont immobiles et des gens qui marchent, ils veulent prendre le train et entrer dans la gare. En bas de la photo, au milieu de la place, il y a un homme seul, je pense qu'il regarde si une voiture arrive. Il attend peut-être quelqu'un.

7   À deux. Regardez les photos de la page 97.

Objectif
Production orale : décrire une photo.

Démarche pédagogique
- Organiser l'activité conformément aux consignes.
- Demandez aux A de toujours commencer par la ou les personnes puis d'élargir à leur environnement.

- Proposez aux A de parler aussi de l'habitat et du mode d'habitation en jeu à chaque fois dans les photos.

8 a.   Cette gare aujourd'hui.

Objectif
Compréhension écrite : lire un article et comparer avec une photo.

Démarche pédagogique
- Laissez les A découvrir d'abord la photo. Peuvent-ils la décrire et reconnaissent-ils une gare ? Qu'est-ce que cela pourrait-être d'autre ?
- Posez ensuite la question suivante : *Pourquoi est-ce que les gens viennent dans une gare ? Pour prendre le train. Pour voyager, …*
- Demandez ensuite de lire le texte. *Quelle est l'autre raison de la présence des touristes ?* (le tourisme, l'architecture de la nouvelle gare). L'article insiste sur la dimension esthétique de la nouvelle gare, ce que la photo montre très bien.

Remarques
Vous pouvez à partir de ce texte initier une discussion sur les grandes gares et les possibilités qu'elles offrent en plus de voyager en train.

Solution

Proposition :
C'est la nouvelle gare de Liège. Il y a un nouveau bâtiment, très moderne, il n'y a plus de tramways. Sur la photo, il n'y a pas de voyageurs, mais l'article explique qu'il y a beaucoup de monde dans cette gare : plus de 16 000 voyageurs y viennent chaque jour. La gare attire maintenant de nombreux touristes qui veulent admirer l'architecture. Des trains internationaux s'y arrêtent : l'ICE, le TGV et le Thalys.

8 b.   Entourez le pronom « y » dans le texte.

Objectif
Grammaire : comprendre le pronom adverbial **y**.

Démarche pédagogique
Procéder comme dans la consigne.

Remarques
Attirez l'attention des A non seulement sur la fonction de localisation mais aussi sur le rapport très étroit et fréquent avec la préposition **à** (cf. Solution).

QUE LE MONDE EST PETIT ! // **8**

> **Solution**

- [...] c'est pourquoi l'ICE allemand, le TGV français et le Thalys belge s'**y** arrêtent = **dans la ville wallonne, à ce carrefour européen**
- Plus de 16 000 voyageurs **y** vont chaque jour = **à la gare**
- Ils y viennent = **à la nouvelle gare**
- On peut **y** acheter des livres… = **dans les magasins**

Le saviez-vous ?
Liège est une ville francophone à quelques heures seulement de l'Allemagne et des Pays-Bas. C'est une destination idéale pour entraîner son français car ce n'est pas seulement un centre économique mais aussi une ville au patrimoine culturel très riche.
On peut y manger des spécialités plus ou moins connues, depuis la gaufre liégeoise jusqu'à la salade liégeoise (chaude avec du lard) ou le lapin à la liégeoise (avec une sauce brune aux pruneaux). On peut écouter des compositeurs liégeois comme César Franck ou André Grétry.
Liège est aussi la ville où l'Église a institué pour la première fois la Fête-Dieu encore célébrée dans la plupart des pays germaniques *(Fronleichnam)*.

9 « Le 21 juillet tombe un jeudi. » 🔊 72

Objectif
Compréhension orale : suivre une discussion sur les vacances.

Démarche pédagogique
- Demandez aux A de fermer leurs manuels.
- Procédez à une première écoute : les A comprennent-ils la raison de l'évocation de la fête nationale belge ? Elle tombe un jeudi et on peut donc **faire le pont**. *Qu'est-ce que cela veut dire ?* Pour une fois, une traduction littérale en allemand est possible.
- Laissez ensuite les A écouter une deuxième fois et demandez maintenant de repérer tous les lieux proposés pour passer un bon week-end : la côte, la montagne, la campagne, une grande ville.
- Ouvrez les livres et faites réécouter le dialogue pour répondre aux questions. *Quels sont les lieux qui sont remplacés par y dans la discussion ?*
- Attirez enfin l'attention sur la position du **y** et laissez les A compléter l'encadré en marge de l'activité.

Remarques
Le tableau de couleur vert tilleul permet d'insister sur le statut de pronom (adverbial) de **y**. Il remplace un complément de lieu et il est lié à des prépositions dont la principale est **à** mais aussi **sur**, **chez**, **en** et **dans**.
Le traitement explicite du **y** comme pronom remplaçant des compléments du type *penser à quelque chose* → *y penser* se fera en B1.

> **Solution**

4. Ils n'y pensent pas, c'est trop cher !
3. Son fils ne pourrait pas y aller. [...]
2. Sa belle-mère a le vertige [...]
1. Il voudrait y passer quelques jours [...]

La règle : **y** steht unmittelbar **vor** dem Verb, auf das es sich bezieht.

10 RENCONTRE. Trois à la suite.

Objectif
Production orale : parler de ses déplacements.
🌀 **Spirale** : Les moyens de transport.

Démarche pédagogique
- Demandez aux A de répondre aux questions de l'activité avec le modèle donné.
- Quand les A ont trois noms, ils réutilisent les modèles de communication en utilisant cette fois la première personne du pluriel.

Variante
Comme tous les jeux, cette activité est plus agréable avec un peu de préparation. Il est beaucoup plus amusant de pouvoir distribuer les cartes et d'introduire de l'aléatoire et donc, de la spontanéité dans les actes de parole. Dans ce cas, il est préférable de demander 4 réponses (et non 3 à la file comme dans le livre).

Remarques
Spirale : les moyens de transport dans lesquels on rentre doivent s'utiliser avec **en**, les moyens de transport que l'on monte s'utilisent avec **à**.

➕ Décrivez par écrit la gare de votre ville.

Objectif
Production écrite : rédiger une description.

Démarche pédagogique
- Demandez de revoir la description de la gare des activités 6 et 8.
- L'A peut rédiger un texte de 60 mots en essayant d'y incorporer au moins 3 pronoms adverbiaux **y**.

8 // QUE LE MONDE EST PETIT !

Remarques
Différenciation individuelle à la maison ou en classe, suivant votre planning et le temps à disposition.

TOUJOURS JOIGNABLE !

11 a. Peu importe la distance. 🔊 73

Objectif
Compréhension orale : suivre une discussion téléphonique.

Démarche pédagogique
- Fermez les manuels et laissez écouter une première fois. Les A comprennent-ils la situation de la personne qui parle ? Où se trouve-t-elle ? À qui parle-t-elle ?
- Ouvrez les livres et regardez la photo. *Qu'est-ce que la jeune femme au téléphone est en train de faire ? (Elle est dans le métro, elle attend le train…)*
- Faites l'activité pour passer à une compréhension plus fine.

Solution
On entend : le réseau, vide

11 b. Écoutez encore une fois et cochez. 🔊 73

Objectif
Compréhension orale : saisir les détails d'une discussion téléphonique.

Démarche pédagogique
- Écoutez une nouvelle fois.
- Répondre conformément aux consignes de l'activité.
- Demandez enfin quelle était l'origine du problème de communication.

Solution
- Elle n'a pas de réseau.
- Son père a envoyé un paquet.
- Dans le paquet, il y avait un livre.
- Elle est en train de lire un roman policier.

11 c. À deux. … Jouez une conversation au téléphone.

Objectif
Production orale : se débrouiller avec un problème de communication.

Démarche pédagogique
- Lisez avec les A les stratégies pour gérer une situation d'incompréhension au téléphone.
- Imaginez en plénum des raisons et des excuses pour ne pas pouvoir continuer une conversation : *le téléphone ne fonctionne plus, le train arrive, il y a trop de bruit…*
- Faites des tandems et donnez comme consigne que l'un des deux interlocuteurs à plein de problèmes pour comprendre ce que l'autre lui dit.
- N'hésitez pas à mettre de la musique de fond pour gêner la communication.

Variante
- Vous pouvez aussi organiser une cacophonie en utilisant toute la classe pour faire un bruit de fond gênant.
- Pour cela, commencez par laisser les A s'entraîner une première fois dos à dos dans des conditions normales à utiliser les outils de communication.
- Mélangez les groupes (chacun change de partenaire) et répartissez les nouveaux groupes dans toute la classe en cercle, chacun regardant vers l'extérieur du cercle.
- Les A rejouent la discussion en devant se concentrer sur la voix de LEURS partenaires afin de bien mener la discussion jusqu'à son issue.

12 Une chaîne. Imaginez que votre portable sonne…

Objectif
Production orale : décrire une situation présente ; introduire le présent progressif

Démarche pédagogique
- Attirer l'attention des A sur l'encadré en marge et l'expression **je suis en train de**.
- Faites la chaîne une première fois conformément aux consignes de l'activité.
- Si besoin, refaites un tour de classe en interdisant maintenant aux A d'utiliser le verbe **faire** dans leur réponse. Ils devront utiliser des verbes plus précis : **manger, boire, entendre, voir, sentir**, …

Remarques
N'oubliez pas que les chaînes sont de merveilleux exercices pour travailler la spontanéité tout en automatisant de manière ludique un phénomène nouveau.

13 RENCONTRE. Quel livre êtes-vous en train de lire ?

Objectif
Production orale : parler de ses goûts en matière de lecture.

Démarche pédagogique
- Demandez aux A de présenter un livre sur une page A4 normale. Ils écrivent le titre en gros et trois phrases bien en vue.
- Chacun accroche sa feuille au mur de la classe.
- Chacun lit les affiches des autres et pose des questions sur les affiches qui l'intéressent.
- En plénum, demandez maintenant quels sont les livres qu'ils aimeraient lire.

RENDEZ-VOUS : POLLY ET FABIEN SUR LES ROUTES DE FRANCE

Objectif
Compréhension écrite : découvrir une famille et une culture francophones.

Démarche pédagogique
- Lisez le titre à voix haute et laissez les A faire des hypothèses. Que peut signifier **être sur les routes de France** ?
- Demandez aux A de lire le texte et le témoignage.
- Lancez la première discussion sur Erasmus et les bébés Erasmus.
- Lancer la deuxième discussion sur les minibus.
- Afin de relancer la discussion et de parler plus concrètement des minibus, lisez avec les A l'encadré sur « Quand on voyage en France en minibus ».

EXERCICES

Prononciation
- La mélodie du français – l'élision.

Remarques
Insistez sur le marquage social que l'élision implique. Plus un registre est populaire et plus il y aura d'élisions (et d'entorses à la grammaire par ailleurs).

Révisions
En préparation à l'unité suivante, où les A parleront beaucoup de (leur) travail, et où ils apprendront de nouveaux pronoms personnels et relatifs, incitez-les à revoir le **vocabulaire** de l'**unité 2**, les **pronoms personnels** de l'**unité 5** et les **pronoms relatifs** de l'**unité 3**, qui seront utiles dans ce contexte.

PLATEAU 2

Pour les objectifs des *Plateaux* et leur traitement en classe voir p. 44.

STRATÉGIES DE MÉDIATION

Apprendre une langue étrangère ne signifie pas seulement acquérir des compétences de communication. On peut avoir des problèmes pour communiquer et il faut alors être capable d'utiliser la langue pour résoudre ces difficultés. Un exemple classique et redondant est celui de l'oubli d'un mot. Comment faire pour dire quelque chose sur un objet quand on ne sait plus comment le nommer ? *Rencontres* vous propose des solutions qui sont toujours bonnes à rappeler aux A.

1 a. Vous vous souvenez des noms de ces objets ? 🔊 77

Il n'est pas important ici que les A connaissent ou ne connaissent pas le vocabulaire des objets illustrés. Ils doivent écouter les dialogues et acquérir une compréhension globale.

Solution

Il s'agit du tire-bouchon.

1 b. Écoutez encore une fois. 🔊 77

Vous pouvez maintenant passer à une compréhension plus détaillée du document sonore. Procédez à une deuxième écoute et suivez les consignes de l'activité. Rappelez-vous que le but ici n'est pas la compréhension mais la prise de conscience de la stratégie de contournement du problème lexical. Ne laissez pas les A se contenter de la réponse. Examinez avec eux les autres stratégies et discutez de leur utilité ou non.

Solution

Il explique en quelle matière est l'objet.
Il explique où / quand / comment on l'utilise.

2 a. À deux. Réfléchissez à deux objets.

Suivez les consignes de l'activité mais demandez aux A de penser dans leur langue à un objet dont ils ne connaissent pas le nom en français, voire un objet inhabituel ou ancien. Vous pouvez renvoyer les A à l'unité 5 dont c'était l'un des thèmes.

2 b. Chacun décrit « son » mot au groupe.

Faites l'activité conformément aux consignes. Si les amorces de réponses ne suffisent pas, suggérez aux A de recourir aux stratégies de médiation proposées en 1b.

2 c. Est-ce que cette activité était difficile ?

Ce dernier moment de l'activité est une boucle de « feedback » et c'est un moment à ne pas négliger. Revenez sur la prestation des A et réfléchissez ensemble à nouveau sur les différentes stratégies mises en jeu. Qu'est-ce qu'elles supposent ?
- une connaissance suffisante du vocabulaire pour contourner un problème ;
- une maîtrise minimale de la grammaire de la situation temporelle et spatiale d'un objet ;
- des talents de dessinateur ou de mime.

JEU : UN APÉRO DANS LA FAMILLE D'ACCUEIL DE LINA

Enfin l'apéro ! Les A ont ici la possibilité de réemployer des contenus des unités précédentes dans un contexte ludique et à travers une mise en situation donnée. Ils doivent se glisser dans le rôle des parents de Lina et prendre l'apéro dans sa famille d'accueil (*Rendez-vous* de l'unité 7). Ils doivent mener une discussion avec Sylvie, Philippe et leurs enfants.

Comme dans le jeu du plateau 1 (p. 44 – 45) les A jouent par groupes de 3 mais il est évident qu'une conversation à 5 est tout à fait possible. Le principe est similaire au jeu de l'oie : les A se déplacent de « DÉPART » à « BRAVO ! » (= Arrivée) en suivant les instructions des cases du plateau de jeu. Les réponses sont personnalisées. Il n'y a pas de « bonne » ou de « mauvaise » réponse ; il s'agit simplement de donner une réponse cohérente et linguistiquement correcte, ce dont jugent les autres joueurs.

FRANÇAIS POUR LA PROFESSION

La première impression est très importante quand on commence à un nouveau poste. Il faut maîtriser son apparence mais aussi son comportement et ses attitudes. C'est une bonne occasion de reprendre les acquis des unités ultérieures et de les appliquer au monde du travail.

1 a. Lisez l'article ci-dessus et donnez-lui un titre.

- Suivez les consignes de l'activité.
- Demandez ensuite aux A de justifier leur choix. *Qu'est-ce qui dans le texte justifie tel ou tel titre ?* Vous passerez ainsi de la compréhension globale à la compréhension détaillée.
- S'il y a des problèmes de vocabulaire, n'hésitez pas à renvoyer les A vers les stratégies de médiation.

Solution
La première semaine

1 b. À deux. Votre voisin/e a un nouvel emploi.

- À l'aide du texte, laissez les A réfléchir aux exigences d'une bonne première impression.
- Faites-les aussi réfléchir à d'autres conseils qui ne sont pas dans le texte (être patient, par exemple).
- Pour compléter, demandez aux A des idées pour pouvoir suivre les conseils. Ex. : *Pour arriver à l'heure, il faut partir plus tôt que d'habitude.*

2 a. Monsieur Marchelli parle de son premier emploi. 🔊 78

- Faites une première écoute à livres fermés pour laisser aux A le temps de se faire une idée globale de son contenu.
- Demandez aux A de rouvrir leurs manuels et laissez-les découvrir les questions.

- Procédez à une deuxième écoute en suivant les consignes de l'activité.
- Laissez les A se corriger en faisant une troisième écoute, segmentée cette fois, pour permettre aux A de se concentrer sur les réponses.

Solution
- C'était une petite entreprise, avec 30 ou 40 employés.
- Il ne veut pas donner son nom.
- M. Marchelli avait 24 ans.
- Il venait de finir ses études, il était jeune architecte.
- Ses collègues avaient un certain âge et ils ne voulaient rien changer. ... Ils n'étaient pas sympas, et le chef non plus.
- Il est resté un peu moins d'un an dans cette entreprise.

2 b. Et vous ? Quels souvenirs avez-vous de votre premier emploi ?

Suivez les consignes de l'activité. Il s'agit évidemment aussi d'une révision des temps du passé.

3 a. Quel souvenir avez-vous du premier jour ?

- Après un temps de réflexion, laissez les A répondre librement à la question de l'activité.
- Puis demandez-leur de réfléchir à ce qui a bien marché et ce qui n'a pas marché pendant cette première journée ou cette première semaine. Qu'est-ce qui était nouveau pour eux, qu'est-ce qu'ils ont appris ?

3 b. Discutez en petit groupes.

- À la suite de l'activité précédente, vous pouvez faire une synthèse des problèmes et des expériences au tableau.
- En petits groupes, laissez les A échanger sur les expériences différentes ou communes qu'ils ont pu avoir.
- Vous pouvez terminer cette activité en demandant aux A de changer de perspective : qu'a dû penser leur chef de leur première journée ou première semaine ?

9 // MON MÉTIER, MA PASSION

INTRODUCTION

Avec cette unité s'ouvre le dernier mouvement vers l'acquisition du niveau A2, ici en abordant le thème des métiers. *Rencontres* a fait le choix de mettre en avant des métiers inhabituels pour permettre une évasion et un apprentissage divertissant loin du quotidien professionnel que tous les A vivent avant (ou après) le cours. Il est naturellement toujours possible de revenir à des métiers plus classiques qui ont déjà été introduits en A1 (unité 7). Il ne s'agit plus de dire ce que l'on fait mais d'en parler et de commencer à en discuter.

OBJECTIFS, CONTENUS

Communication
- Raconter son parcours scolaire et son expérience professionnelle
- Décrire son environnement de travail
- Parler des différentes façons de travailler
- Exprimer son accord ou son désaccord
- Caractériser des personnes

Grammaire
- Le pronom relatif **où**
- Les pronoms indirects : forme et position

Spirale
- Les pronoms relatifs

Prononciation
- oi, ail, eil

Lexique
- Le travail et la profession
- Le curriculum vitae
- L'école et la formation (II)
- Les traits de caractère (II)

Rendez-vous
- Lionel, viticulteur heureux

Contenus culturels
- La formation en France
- Le CV à la française
- Pôle emploi

PREMIERS PAS

Nuage de mots. 🔊 79

Faites écouter l'enregistrement et travaillez avec les A selon la démarche indiquée page 9.

1 a. Rêves d'enfants.

Objectif
Production orale : introduire le thème de l'unité.

Démarche pédagogique
- Expliquez le vocabulaire de l'activité.
- Laissez les A associer le vocabulaire et les photos.

Solution
1. Aya : apicultrice
2. Mila : pilote de montgolfière
3. Lukasz : cordiste

1 b. Écoutez l'une de ces trois personnes. 🔊 80

Objectif
Compréhension orale : découvrir le lexique.

Démarche pédagogique
- Écoutez une première fois et suivez les consignes de l'activité.
- Complétez avec des questions plus détaillées : *À quelle occasion est-ce que Mila a fait un tour de ballon ? Qu'est-ce qu'elle a vu ? Comment est-ce qu'elle a trouvé cette expérience ?*
- Si vous avez le temps, vous pouvez laisser les A réfléchir aux raisons qui ont conduit Aya et Lukasz à souhaiter devenir apicultrice et cordiste. Laissez-les imaginer un témoignage très court.

Solution
Mila parle.

2 Et vous ? Qu'est-ce que vous vouliez devenir quand vous étiez enfant ?

Objectif
Production orale : parler de ses aspirations passées.

MON MÉTIER, MA PASSION // 9

Démarche pédagogique
- Procédez comme suggéré dans la consigne, ou choisissez une démarche passant par l'écrit :
- Demandez aux A de noter leur rêve d'enfant sur un papier en suivant le modèle proposé.
- Ramassez les textes en les pliant en deux.
- Mélangez-les et redistribuez-les au hasard.
- Chaque A lit le texte et essaie de deviner qui l'a écrit.

Remarques
Le but n'est pas de deviner juste mais de créer la surprise et d'approfondir la connaissance des A entre eux.

UN SEUL MÉTIER ? C'ÉTAIT AVANT.

3 a. Associez ces animaux à leur profession sur le dessin.

Objectif
Sémantisation : découvrir le vocabulaire des métiers.

Démarche pédagogique
- À livres fermés, et si vous voulez en prendre le temps, faites d'abord un tour de table ou une carte mentale des animaux.
- Laissez-faire l'activité et corrigez-la.
- Complétez la carte mentale avec des animaux qui n'ont pas été évoqués dans l'activité avec des métiers.

> **Solution**

policier/-ière	le chien
chasseur/-euse	le chat
agriculteur/-trice	l'abeille
sherpa	l'âne
facteur/-trice	le pigeon
thérapeute	le dauphin

3 b. À deux. Connaissez-vous les professions suivantes ?

Objectif
Compréhension écrite : découvrir le lexique.

Démarche pédagogique
- Faites l'activité.
- Complétez éventuellement avec les métiers rajoutés à l'activité 2. Les A essaient alors de formuler des définitions simples avec le verbe adéquat.

> **Solution**

cuisinière	Elle fait la cuisine…
femme de ménage	Elle nettoie et…
artisane	Elle fabrique…
livreuse	Elle livre ou apporte…
nourrice	C'est une nounou…
agricultrice	Elle travaille la terre…

3 c. À votre avis, lequel des animaux de 3a exerce dans sa vie toutes ces professions ? 🔊 81

Objectif
Production orale : comprendre une émission de radio et parler des professions. Préparer 3d.

Démarche pédagogique
Procédez comme suggéré dans la consigne.

> **Solution**

C'est l'abeille.

3 d. Écoutez encore une fois et numérotez les professions. 🔊 81

Objectif
Compréhension orale : suivre une émission de radio. Reconnaître le lexique des métiers.

Démarche pédagogique
- Procédez à une deuxième écoute et laissez les A ordonner l'ordre d'apparition des différentes professions dans la narration.
- Répondez à la question de l'activité. Complétez avec une question supplémentaire : *Pourquoi est-ce que les abeilles sont importantes ?*
- Vous pouvez terminer cette activité en demandant aux A toutes les professions qu'ils ont pratiquées en tant que parent ou professionnel en suivant le modèle de l'émission de radio : *du jour douze au jour dix-sept devient de 2001 à 2018…*

> **Solution**

femme de ménage – cuisinière – nourrice – artisane – policière – agricultrice – livreuse

L'aliment sucré : le miel

4 RENCONTRE. Et vous ? Travaillez-vous en ce moment ?

Objectif
Production orale : parler de sa vie professionnelle.

9 // MON MÉTIER, MA PASSION

Démarche pédagogique
- Demandez aux A en petits groupes de donner leur profession avec une définition comme cela a été fait précédemment.
- Si le deuxième métier d'un A est *la retraite* par exemple, demandez de raconter brièvement ce qu'il fait actuellement (formation, cours de français, repos).
- En plénum, demandez aux partenaires de raconter ce qui a été dit.

Remarques
Lancez la discussion de l'activité en ayant en tête que selon la génération de vos A, tous ne connaissent pas cette situation de flexibilité professionnelle.

5 a.   Profession : apicultrice.

Objectif
Compréhension écrite guidée : découvrir une profession et analyser son vocabulaire.

Démarche pédagogique
- Lisez le texte avec les A.
- Attirez leur attention sur les mots en italique.
- Traduisez-les en faisant bien attention d'expliquer les différences interculturelles : la dualité collège / lycée n'existe pas du tout dans les pays germanophones par exemple. Une formation n'est pas du tout connotée de la même façon en France et dans les pays de langue germanique (cf. *Le saviez-vous ?*).

Solution

le collège : *etwa: Sekundarstufe I (die ersten vier Jahre nach der Grundschule)*
le lycée : *das Gymnasium*
passer le bac : *das Abitur machen*
faire des études : *studieren*
suivre une formation : *eine Ausbildung machen*

5 b.   Relisez le texte et cherchez les informations suivantes.

Objectif
Compréhension écrite : découvrir un lexique professionnel.

Démarche pédagogique
- Faites l'activité conformément aux consignes.
- Attirez l'attention sur l'introduction du pronom relatif de lieu **où**.

Remarques
Où est un pronom relatif de lieu mais aussi de temps, surtout avec les éléments du calendrier : *Le printemps est une saison où il commence à faire beau. Janvier est un mois où la neige tombe. C'est l'époque où je faisais mes études.* Cet aspect est traité en B1.

Solution
- l'animal qui la fascine : l'abeille
- l'endroit où elle est née : Nîmes
- les produits qu'elle vend : du miel, du pollen, de la gelée royale, de l'huile d'olive, du pain d'épices et de la guimauve
- la ville où elle a fait ses études : Toulouse
- le métier qu'elle a d'abord exercé : vétérinaire
- le département où elle habite : le Gard
- la personne qui a influencé son parcours professionnel : son père

La règle: Das Pronomen **où** steht für einen **Ort**.

5 c.   RENCONTRE. Complétez les questions, puis posez-les aux autres.

Objectif
Production orale : repérer et comprendre un lexique professionnel.

🌀 **Spirale** : Les pronoms relatifs.

Démarche pédagogique
Faites l'activité conformément aux consignes.

Variante
- Laissez les A se poser les questions pour se familiariser avec la proposition subordonnée relative et avec les réponses possibles.
- Organisez ensuite un *speed dating*, chacun ayant une minute pour poser des questions (pas tout en une fois et à une seule personne) et y répondre. Demandez à la moitié de la classe de rester à sa place et à l'autre moitié de « tourner », c'est-à-dire de changer de partenaire à chaque fois que vous en donnerez le signal.

Remarques
Vous n'avez pas besoin de faire se rencontrer tout le monde avec tout le monde. Laissez les A faire deux ou trois tours.

Solution
- l'animal **qui** vous intéresse…
- l'endroit **où** vous aimeriez vivre
- la profession **que** vous aimeriez exercer

– les matières **que** vous préfériez…
– la ville **où** vous avez passé votre enfance
– les personnes **qui** ont influencé…

> **Le saviez-vous ?**
> **La formation** en France n'a pas la même valeur que dans les pays germaniques. Elle a été depuis le XXème siècle fortement dévalorisée au profit d'un idéal de culture et de savoir incarnés par le baccalauréat. C'est la raison pour laquelle 80 % des écoliers passent le bac en France contre seulement 50 % en Allemagne et 30 % en Suisse. La formation professionnelle a été pendant longtemps considérée comme une voix secondaire pour ceux qui ne parvenaient pas à passer le bac. Tout cela est heureusement en train de changer et depuis les années 90 il y a eu de nombreux efforts des différents gouvernements pour revaloriser les filières techniques et professionnelles.

▶ Voir capsule de grammaire numéro 9 :
LES PRONOMS RELATIFS *QUI, QUE, OÙ*

+ **Écrivez en quelques lignes votre curriculum.**

Objectif
Production écrite : rédiger sa propre biographie.

Démarche pédagogique
Cette activité est pensée comme individuelle. Si vous choisissez de la traiter en classe et en grand groupe, vous pouvez procéder comme suit :
- Distribuez une page A4 à chaque A.
- Chacun l'organise comme un CV.
- Collez les CV ou accrochez-les au tableau et demandez aux A de lire les informations inscrites en faisant des phrases : *En 1999, il a étudié, il a travaillé.*

Remarques
Différenciation individuelle à la maison ou en classe, suivant votre planning et le temps à disposition. Demandez aux A de n'utiliser que le passé composé ici. Il est encore un peu précoce d'introduire le problème de l'alternance du passé composé et de l'imparfait.

PROFESSIONS INSOLITES

6 a. **Lisez les petites annonces.**

Objectif
Compréhension écrite guidée : lire une petite annonce.

Démarche pédagogique
- Demandez aux A de lire le texte. Est-ce qu'ils se rappellent ce qu'est un cordiste ?
- Laissez-les ensuite rechercher les traductions.
- Vous pouvez compléter avec des questions détaillées : *Si je suis débutant, quelle annonce est pour moi ? Si je suis peintre, quelle est l'annonce pour moi ?*

Remarques
Le recours à l'allemand permet ici d'utiliser l'alternance codique (l'utilisation de la langue maternelle ou de la langue commune à tous les A) pour introduire un vocabulaire spécifique, tout comme on l'a fait, dans l'autre sens, à l'activité 5 de la page précédente.

Solution
Erfahrung:	l'expérience *(f)*
Vertrag:	le contrat
Teilzeit:	le temps partiel
Vollzeit:	le temps plein
Zeitarbeitsfirma:	l'agence *(f)* d'intérim
Industriekletterer:	le cordiste

6 b. **Écoutez trois appels.** 🔊 82 [83]

Objectif
Compréhension orale : saisir un message téléphonique sur le thème de la candidature.

Démarche pédagogique
- Procédez à une première écoute en demandant aux A de ne pas s'occuper des offres pour le moment. Demandez-leur de se concentrer sur les expressions **pôle emploi** et **Agence AGIR**. *Quelle est la différence ?*
- Faites l'activité.
- Demandez aux A de justifier leurs réponses en citant le dialogue.

Solution
1er appel :	offre n° **8339**
2e appel :	offre n° **8364**
3e appel :	offre n° **8364**

9 // MON MÉTIER, MA PASSION

> **Le saviez-vous ?**
> Quand on perd son emploi, il faut aller en France à **Pôle emploi**. Il s'agit d'un organisme relativement récent (2008) qui est né pour rassembler dans une même institution toutes les instances dont la mission était d'accompagner les chômeurs dans leur recherche d'un nouvel emploi, de leur verser des allocations et d'aider les entreprises dans leur recrutement et le paiement de leurs cotisations sociales.

6 c. Écoutez encore une fois et numérotez. 🔊 82

Objectif
Compréhension orale : saisir les détails d'une candidature téléphonique.

Démarche pédagogique
- Suivez les consignes de l'activité.
- Vous pouvez compléter par une nouvelle écoute pendant laquelle les A doivent lever la main dès qu'ils entendent **lui** ou **leur**.

Remarques
Il s'agit d'une préparation orale à la question des pronoms personnels indirects.

> **Solution**
>
> Texte 1 : 2e appel
> Texte 2 : 3e appel
> Texte 3 : 1er appel

6 d. Que remplacent *lui* et *leur* ?

Objectif
Grammaire : les pronoms personnels indirects.

Démarche pédagogique
- Attirez dans un premier temps l'attention sur l'encadré en marge. Soulignez bien – car l'erreur est souvent faite par des germanophones – qu'il est possible de dire / écrire **j'écris à Marc** ou **je lui écris** mais JAMAIS **j'écris à lui**.
- Pour compléter la liste en bas à droite : renvoyez à la fin de l'activité à la liste proposée en bas de la page 124, *Résumé*.

> **Solution**
>
> Il demande **à l'employé de l'agence d'intérim**…
> Elle répond **à la femme**…
> Il dit aux **personnes**…

Des verbes qui demandent un complément indirect : plaire à, demander à, répondre à, écrire à, téléphoner à, parler à, conseiller à, dire à, raconter à, donner à…

7 a. Mila et Lukasz se présentent. 🔊 84

Objectif
Compréhension écrite : utiliser les pronoms COI. Comprendre un récit concernant une profession.

Démarche pédagogique
- Si vous le pouvez, projetez le texte à trous et lisez-le avec les A.
- Corrigez avec le document audio. Attention : l'audio est plus riche de détails que le texte imprimé. Les A apprennent ainsi à faire le tri d'informations et à repérer les passages utiles.
- Posez la question de l'activité et complétez avec une réflexion : *Est-ce que vous auriez peur si vos enfants faisaient de tels métiers ? Est-ce qu'il y a d'autres métiers qui peuvent aussi être dangereux ?*

> **Solution**
>
> Nous aimons notre travail. Il **nous** plaît beaucoup.
> – ça ne **me** plaît pas trop. Alors je **lui** téléphone souvent, mais je ne **lui** demande pas toujours… – nous **leur** répondons que pour nous…

7 b. Discutez. Et vous ? Quelles sont ou quelles ont été vos conditions de travail ?

Objectif
Production orale : parler de ses conditions de travail.

Démarche pédagogique
Donnez du temps aux A pour bien réfléchir à tous les éléments de la description : le lieu de travail, les gens avec qui l'on travaille ou a travaillé, le temps de travail, la pénibilité du travail.

8 a. Mes collègues ? Ils sont plutôt sympas.

Objectif
Lexique : les adjectifs pour décrire le caractère d'une personne.

Démarche pédagogique
- Tracez trois colonnes au tableau et envoyez un A au tableau. Laissez la classe aider la personne au tableau.
- En conseillant aux A de penser aux adjectifs qu'ils connaissent en allemand, demandez-leur de compléter la liste.

MON MÉTIER, MA PASSION // 9

Solution

négatif : aggressif/-ive – désagréable – paresseux/-euse – bête – méchant/e
neutre : timide – simple
positif : gentil/le – drôle – calme – fiable – gai/e – ponctuel/le – sérieux/-ieuse – sympa(thique)

8 b. En petits groupes. Quel est le collègue idéal ?

Objectif
Production orale : décrire la personnalité de collègues et d'autres personnes.

Démarche pédagogique
- Donnez à chaque groupe une seule personne à décrire.
- Laissez ensuite chaque groupe exposer la personnalité idéale.
- Demandez aux autres groupes de compléter la description.

8 c. RENCONTRE. Chacun/e écrit une profession sur un papier.

Objectif
Production orale : parler d'une profession fictive dans le cadre d'un jeu.

Démarche pédagogique
- Suivez les consignes de l'activité :
- Chaque A est en possession d'un papier qui a été écrit par une autre personne. Chacun doit donc maintenant faire deviner la profession écrite sur le papier qu'il a reçu.
- Pour ceci, tout le monde se lève et circule dans la pièce. On propose « sa » définition à trois personnes différentes.

Remarques
N'oubliez pas que l'objectif de cette activité est aussi d'utiliser les pronoms COI. Incitez donc les A à les intégrer dans leurs phrases.

HEUREUX AU TRAVAIL ?

9 a. D'accord ou pas d'accord ?

Objectif
Compréhension écrite : reconstituer des micro-dialogues sur les conditions de travail.

Démarche pédagogique
- Laissez les A faire l'activité.
- Faites jouer ces micro-dialogues par les A. Faites attention aux liaisons et enchaînements pour que la lecture soit la plus fluide possible.

Solution

– Quand on aime son travail… – Je ne trouve pas. Il faut gagner de l'argent pour vivre.
– L'idéal, c'est de travailler à la maison… – Peut-être. Mais quand on travaille à la maison, …
– On est heureux au travail… – Tout à fait. Quand l'atmosphère de travail est bonne…

9 b. Relisez les phrases pour compléter le tableau.

Objectif
Sémantisation : comment exprimer son accord et son désaccord.

Démarche pédagogique
- Complétez le tableau des expressions pour exprimer son accord et son désaccord.
- Par groupes de deux, laissez les A rejouer les dialogues.

Remarques
Il s'agit d'une activité préparatoire pour 9c.

Solution

Accord : Tout à fait.
Neutre : Peut-être.
Désaccord : Je ne trouve pas.

9 c. En groupes. Êtes-vous d'accord avec les affirmations de 9a ?

Objectif
Production orale guidée : exprimer son accord et son désaccord.

Démarche pédagogique
- Suivez les consignes de l'activité :
- Revenez aux trois affirmations en rose dans l'activité 9a et demandez pour chacune d'entre elles au moins une prise de position différente.

9 d. RENCONTRE. Réagissez maintenant aux phrases suivantes.

Objectif
Production orale libre : parler des conditions de travail. Exprimer son accord et son désaccord.

9 // MON MÉTIER, MA PASSION

Démarche pédagogique
- Demandez aux A de fermer leurs livres.
- Inscrivez la première phrase au tableau ou projetez-la.
- Discutez à bâtons rompus en plénum. Il faut toujours réagir à une intervention par les expressions d'accord et de désaccord.

Variante
- En prévision de l'activité suivante, il est aussi possible de faire cette activité sous la forme de mini-débat sans contradiction directe, en restant limité linguistiquement au niveau A2.
- Par groupes de 2, donnez à chacun une phrase et l'un est d'accord et l'autre non.
- Chacun expose son opinion en réutilisant *je pense que, je trouve que…*

10 RENCONTRE. Partagez la classe en deux.

Objectif
Production orale libre : discuter des métiers.

Démarche pédagogique
- Suivez les indications de l'activité.
- Avant de laisser les A construire leurs arguments, révisez avec eux les structures vues dans les unités précédentes et qui permettront de formuler efficacement leurs répliques.
- Ils peuvent avoir recours à un argument par le récit par exemple (*À mon époque* + imparfait), un argument par la comparaison (*nous sommes plus connectés que vous*), un argument sous la forme d'une hypothèse avec le conditionnel (*tu devrais penser à la vie privée*), un argument d'autorité avec le discours indirect (*On dit que, les spécialistes disent que*).

Variante
- On ne fait pas l'activité en deux grands groupes, mais par mini-groupes de deux.
- Vous ne faites alors pas travailler l'improvisation mais demandez aux A de faire un jeu de théâtre. L'un joue le parent, l'autre l'enfant. Chacun a droit à son texte et on laisse du temps pour répéter.
- Chacun joue ensuite sa pièce devant la classe.

RENDEZ-VOUS : LIONEL, VITICULTEUR HEUREUX

Objectif
Compréhension écrite : découvrir une personnalité et une culture francophones.

Démarche pédagogique
- Faites un premier tour de table pour savoir qui boit du vin et qui aime le vin français. À quelle occasion boivent-ils du vin ? Commencez la discussion pour une fois par les suggestions en bas du texte. Vous pouvez enrichir cette première discussion avec l'encadré sur le lexique du vin.
- Demandez aux A de lire le premier paragraphe. Lionel est-il un viticulteur par tradition familiale ou s'est-il formé à ce métier ?
- Est-ce que les A ont déjà fait attention à l'AOC sur les bouteilles qu'ils achètent ?
- Faites lire la deuxième partie et demandez aux A ce qu'ils pensent de la philosophie de Lionel : *Est-ce qu'il a raison ?* Et aussi par exemple : *Est-ce que vous achetez le vin au supermarché ou dans des magasins spécialisés ?*

EXERCICES

Prononciation
- **oi**, **ail** et **eil**

Remarques
Faites attention à ce que les A se préparent à cette prononciation en plaçant les lèvres correctement : **oi** = lèvres arrondies pour faire **o** + **wa** ; **ail** = bouche ouverte comme un **a** + fermeture progressive de la mâchoire (pas des lèvres) ; **eil** = bouche mi-ouverte (comme pour un **è**) + fermeture progressive de la mâchoire.

Révisions
En préparation à l'unité suivante, où les A s'exprimeront sur les fêtes et le bonheur, et où l'on mettra en relation les pronoms COD et COI, incitez-les à revoir ce qu'ils connaissent en termes d'**invitations (unité 7)** et à réviser les **pronoms compléments d'objet (unité 5, unité 9)**.

FAIRE LA FÊTE // 10

INTRODUCTION

Le thème de la culture représente toujours un moment important dans le parcours linguistique de quelqu'un car c'est grâce à la culture que l'on commence à acquérir une compréhension fine des significations. Au niveau A2 il s'agit de commencer par des choses simples comme les coutumes et les traditions, les fêtes et les jours fériés. Et surtout, les A vont devoir mobiliser une nouvelle fois leurs connaissances préalables pour organiser une fête, faire des invitations, les accepter et les refuser.

OBJECTIFS, CONTENUS

Communication
- Proposer, accepter, remercier, refuser
- L'exclamation
- Parler de ses relations
- Organiser une fête
- Parler de fêtes et de traditions

Grammaire
- Le passé récent
- Le pronom complément dans le passé composé
- Adverbes : formation et position

Spirale
- Le conditionnel
- Le verbe **venir** au présent de l'indicatif

Prononciation
- [o] et [õ]

Lexique
- Les festivals et les marchés aux puces
- Les traditions
- Les fêtes et les jours fériés
- Les relations (II)

Rendez-vous
- Jean-Pierre, portier de stars

Contenus culturels
- L'orthographe des fêtes
- La Belgique et le nord de la France
- Les fêtes et les jours fériés

PREMIERS PAS

Nuage de mots. 🔊 88

Faites écouter l'enregistrement et travaillez avec les A selon la démarche indiquée page 9.

1 Lisez les descriptions des fêtes et festivals.

Objectif
Compréhension écrite : découvrir le thème.

Démarche pédagogique
- Dans un premier temps, demandez aux A comment ils comprennent le titre de l'unité.
- Comment font-ils la fête ?
- Lisez le document d'ouverture et laissez les A associer les fêtes / festivals aux annonces. Suivez les consignes de l'activité.

> **Solution**
> – écouter de la musique celtique : au festival interceltique de Lorient
> – acheter de vieux objets : à la braderie de Lille
> – aller à un spectacle de danse contemporaine : au festival d'Avignon
> – voir des lumières… : à la fête des lumières de Lyon

2 À quelle fête ou festival auriez-vous envie d'aller ?

Objectif
Production orale : investir le thème.

Démarche pédagogique
- Ouvrez la discussion à partir de l'activité précédente.
- Demandez aux A de formuler leurs justifications avec une comparaison ou une histoire passée (Ex. *J'irais au festival interceltique parce que j'y suis allé l'année dernière et c'était super.*).
- Pour compléter cette introduction, demandez aux A de réfléchir aux fêtes et festivals à ne pas manquer dans leur région.

10 // FAIRE LA FÊTE

Le saviez-vous ?
L'orthographe des fêtes suit normalement deux règles générales :
Lorsque le nom de la fête comporte un seul mot, on met une majuscule : Noël, Pâques, la Toussaint, …
Lorsque le nom de la fête est composé, la majuscule se met sur le nom spécifique qui précise la fête : la fête du Travail.
Lorsque le nom fait référence à un saint, il faut une majuscule aux deux mots et un trait d'union : la Saint-Jean.
Ces règles ne sont pas figées. Aujourd'hui on utilise davantage les minuscules, comme le nouvel an, le ramadan, la fête de l'aïd ou le jour blanc (fête japonaise).

Le fait est que la majuscule en français a une fonction radicalement différente des langues germaniques. Elle est utilisée comme une marque de déférence (Madame, Monsieur), pour souligner une acception particulière (la Bourse comme bâtiment) ou un concept important (la Vérité).

LA VILLE EN FÊTE

3 a. Lisez l'article.

Objectif
Compréhension écrite : lire un article et découvrir une tradition régionale.

Démarche pédagogique
- Comme préparation, introduisez l'article par les photos. Demandez aux A de les décrire puis de faire des hypothèses sur ce qu'elles montrent : *Quelle ville montre la première photo ? Quel plat montre la deuxième ? Quel pays a comme plat typique des moules ? Quelle sorte de commerce est montrée par la troisième photo ?*
- Lisez le texte avec les A à voix haute en faisant attention au vocabulaire et à la prononciation.

Remarques
N'hésitez pas à faire croire à vos A que le texte va leur parler de la Belgique qu'ils connaissent déjà des unités précédentes.

Le saviez-vous ?
Quand on se promène dans **la région de Lille**, on a parfois l'impression d'être en Belgique. Ce n'est pas un hasard puisque le nord-est de la France et la Wallonie ont des origines communes : un dialecte très proche qui n'existe malheureusement presque plus du côté français et des traditions partagées depuis des siècles.

Solution
On peut acheter des antiquités. On y mange traditionnellement des moules-frites.

3 b. Avant d'écrire l'article…

Objectif
Compréhension écrite : résumer un article.

Démarche pédagogique
- Suivez les consignes de l'activité.
- Après l'activité, demandez aux A oralement de faire des phrases avec ces informations.

Variante
- En reprenant les données demandées dans l'activité, demandez aux A de rechercher les mêmes informations sur une ville qu'ils apprécient.
- Une fois la prise de note terminée, demandez aux A de présenter la ville spontanément, à l'aide seulement des informations recueillies.

Solution
- deux millions de visiteurs, 10 000 vendeurs, 100 kilomètres de trottoirs, des dizaines de tonnes de moules-frites
- les professionnels et les habitants
- des antiquités, des disques, des livres, des objets artisanaux et ethniques

4 a. Complétez les expressions à l'aide du texte.

Objectif
Grammaire : travailler l'exclamation.

Démarche pédagogique
- Complétez les phrases.
- Laissez ensuite les A lire à voix haute les quatre phrases proposées.
- Dans un premier temps, faites bien attention à ce qu'ils accentuent d'abord la dernière syllabe comme ce devrait être le cas dans une situation affirmative normale.

FAIRE LA FÊTE // 10

- Dans un deuxième temps, lisez vous-même ces phrases et demandez aux A où vous avez mis l'accentuation : soit sur le mot après *quel* ou *comme* soit sur *comme*.
- Demandez aux A de répéter les phrases avec la bonne accentuation.

Solution

Quel **monde** – Quelle **ambiance** – Comme c'est **agréable**…

4 b. Comment réagissez-vous ?

Objectif
Production orale : réagir à un cadeau ou une proposition.

Démarche pédagogique
- Décrivez brièvement la situation des A qui doivent s'imaginer dans une braderie à Lille.
- En plénum, donnez alors une situation et laissez les A se décider à répondre.
- Vous pouvez compléter les situations : *Il y a beaucoup de monde à la braderie ; il y a un stand avec beaucoup de livres ou d'antiquités ; vous découvrez un petit vin blanc délicieux / très mauvais ; vous trouvez un objet étrange.*

Variante
- Inscrivez les différentes possibilités sur des petits cartons. Distribuez-les. Plusieurs A peuvent avoir la même situation.
- Laissez un peu de temps pour trouver le bon adjectif ou le bon substantif et pour décider s'ils veulent utiliser *quel* ou *comme*.
- Chacun réagit ensuite en exagérant l'accentuation.

Remarques
C'est une activité qui peut être très amusante si elle va vite. Il faut donc que les A utilisent les structures de l'exclamation.

5 a. Maxime appelle trois amis. 🔊 89 [90]

Objectif
Compréhension orale : accepter ou refuser une invitation.

Démarche pédagogique
- À livres fermés, faites écouter une première fois et posez la question de l'activité.
- Écoutez une deuxième fois et demandez aux A de comprendre les formulations utilisées pour **accepter, refuser ou hésiter**. Que disent les personnages dans ces cas de figures ?

Solution
2. La personne accepte.
1. Elle refuse.
3. Elle hésite encore

5 b. Réécoutez les appels. 🔊 89

Objectif
Compréhension orale détaillée : percevoir l'usage du conditionnel.
🌀 **Spirale** : Le conditionnel.

Démarche pédagogique
- Faites ouvrir les livres et suivez les consignes de l'activité.
- Faites remarquer aux A les deux versants de cette activité : les réponses à l'invitation utilisent le présent ou le futur proche. L'invitation elle-même se formule avec le conditionnel qui est le temps de la demande polie (voir les formules en marge).

Remarques
Les expressions utilisées dans les dialogues pour répondre à une invitation sont :
Accepter : *Oui, quelle bonne idée ! C'est d'accord.* On utilise donc l'exclamation pour introduire et renforcer l'expression de l'accord.
Refuser : *Je ne peux pas, je regrette* + justification.
Hésiter : *Je ne sais pas, je vais voir…*

Solution
On entend :
– Ça te dirait d'aller avec moi…
– On pourrait y aller ensemble ?
– Tu as quelque chose de prévu ?
– Quelle bonne idée ! C'est d'accord.
– Ça marche.
– Je ne sais pas, je vais voir.
– Je ne peux pas, je regrette.

6 Une chaîne. Invitez la personne suivante.

Objectif
Production orale : inviter une personne.

Démarche pédagogique
- Le principe de la chaîne est toujours une bonne solution et vous pouvez suivre les consignes de l'activité.
- Vous pouvez mettre en relation cette chaîne avec le jeu de rôle de l'activité 4 et laisser les A faire des propositions pendant qu'ils visitent la braderie : *Tu aurais envie de goûter des moules-frites ?*

10 // FAIRE LA FÊTE

Variante
- Une variante qui permettrait de compléter cette activité consiste à proposer une activité extrême : sauter en parachute, faire du saut à l'élastique, nager avec des requins, prendre un bain d'araignées, etc.
- Inscrivez ces activités sur des papiers que vous distribuez. Un A passe un papier à l'autre sans regarder ce qui y est inscrit.
- Chacun doit accepter, refuser ou hésiter.

Remarques
Il s'agit ici d'un complément qui devrait se faire en fin de séance. Il y a en effet le risque de perdre de vue l'unité lexicale de l'unité.
Il peut être utile de rappeler aux A qu'ils doivent utiliser les formules proposées en 5b.

7 Lisez deux interviews à la braderie. 🔊 91

Objectif
Compréhension détaillée : suivre une conversation dans une braderie. Grammaire : le passé récent.

Démarche pédagogique
- Demandez aux A de fermer leurs manuels et procédez à une première écoute.
- Posez la question de l'activité et demandez aux A de justifier leur réponse : est-ce qu'ils ont entendu les verbes **acheter** et **vendre** ?
- Les A peuvent à présent ouvrir les livres et réécouter les dialogues en essayant de saisir le vocabulaire de l'activité. Demandez-leur de lever la main dès qu'ils entendent la forme verbale.
- Complétez les textes en suivant les consignes de l'activité. Est-ce que les A comprennent bien le sens des expressions qu'ils doivent compléter ? Il s'agit du **passé proche ou récent**, du présent progressif et du futur proche. Attirez leur attention sur les explications en marge. Grâce à ces trois formes, les A peuvent décrire le déroulement d'une action.

Remarques
C'est une excellente occasion d'effectuer une évaluation diagnostique et voir si la progression est optimale pour les A. Demandez aux A s'ils ont aussi bien compris la version orale que le texte écrit.

Solution
Maxime : Je viens d'**acheter un disque** vinyle. […] Je suis en train de la **chercher**. / […] On va **manger des moules** !

Béatrice : Je viens de **vendre un disque** à ce jeune homme. Là, je suis en train de **mettre** de l'ordre sur mon stand. […] Je vais **prendre un café** au bistrot du coin […]

Maxime est le client, Béatrice est la vendeuse.

8 RENCONTRE. Cherchez dans le cours…

Objectif
Production orale : converser dans une braderie.
🌀 **Spirale** : Le verbe **venir** au présent de l'indicatif.

Démarche pédagogique
- Dans un premier temps, lisez avec les A les propositions de l'activité. Demandez pour chacune d'elles si elle est au passé, au présent ou au futur. Ils doivent remarquer qu'il s'agit toujours de décrire les phases d'une action : passé proche (**venir de** + infinitif), présent progressif (être en train de + infinitif), futur proche (**aller** + infinitif).
- Demandez aux A de se lever et de se répartir dans la classe. Les A passent alors d'un camarade à un autre pour lui poser les questions en suivant le modèle de l'activité.
- Laissez ensuite chaque A présenter ses résultats.

Variante
- Cette activité peut aussi se prêter à la forme du speed dating. Par groupes de 2, donnez une minute aux A pour se poser les questions puis la moitié des A change de partenaire et recommence.
- En plénum, demandez qui a trouvé *quelqu'un qui vient d'acheter un cadeau*, etc.

L'ENTREPRISE EN FÊTE

9 Quelles phrases caractérisent (ou pas) vos relations avec vos collègues ?

Objectif
Production orale : parler de ses collègues.

Démarche pédagogique
- Lisez les phrases proposées par l'activité et expliquez-les si besoin est.
- Donnez du temps pour que les A réfléchissent à leur situation personnelle.
- Laissez chaque A écrire sa phrase au tableau et soulignez les pronoms d'objet directs et indirects.

Remarques
Il s'agit de mettre ensemble des pronoms qui ont été vus dans l'unité 5 (pronoms COD) et dans l'unité 9 (pronoms COI). (Voir aussi *Résumé*, p. 124).

FAIRE LA FÊTE // 10

> Voir capsule de grammaire numéro 10 :
> **LES PRONOMS D'OBJET DIRECT ET INDIRECT**

10   RENCONTRE. À deux. Collègues, chef ou amis : qu'est-ce que vous faites avec qui ?

Objectif
Production orale : faire la conversation. Mettre en pratique la reprise par un pronom. Adapter son lexique à une situation sociale.

Démarche pédagogique
- Pour commencer, tracez deux colonnes au tableau : les relations professionnelles et les relations personnelles.
- Classez avec les A les différentes situations données par l'activité. Certaines iront peut-être dans les deux catégories, ce qui sera la base d'une discussion.
- Vérifiez avant de commencer si les A comprennent la différence entre la rection du verbe et les pronoms COD et COI (*proposer à qn de faire, téléphoner à qn, emmener qn, écrire à qn*, etc.).
- Demandez aux A de donner quelques exemples de reformulation avec des pronoms COD / COI.
- Essayez de trouver des situations supplémentaires : *donner qc à qn, acheter qc à qn*, etc.
- Laissez les A suivre le modèle de communication par deux.

Remarques
Les objectifs de cette activité sont multiples mais la grande difficulté ici est l'utilisation simultanée des pronoms COD et COI et des prépositions. Utilisez l'encadré pour guider les A. Les phrases comprenant deux pronoms objet (COD et COI : *je le lui donne, elle me le demande*…) seront travaillées en B1.

11   Qu'est-ce que vous fêtez au travail ?

Objectif
Production orale : parler des occasions célébrées au travail.

Démarche pédagogique
- Faites des groupes de deux.
- Donnez un thème par groupe.
- Laissez les partenaires échanger leurs informations.
- Demandez aux A de changer de groupe et de recommencer.

Remarques
Il s'agit d'une préparation cette fois lexicale à l'activité suivante. Vous pouvez demander aux A d'y intégrer quelques phrases avec des pronoms COD / COI.

12   Emma et Lucas organisent la fin d'année de leur entreprise. 🔊 92

Objectif
Compréhension orale : la place des pronoms COD et COI avec le passé composé.

Démarche pédagogique
- Procédez à une première écoute sans répondre encore aux questions.
- Faites une deuxième écoute et suivez les consignes de l'activité.
- Maintenant que les A ont répondu aux questions et complété la règle, faites une troisième écoute à livres fermés. Les A doivent écouter attentivement et lever la main (ou dire stop) dès qu'ils entendent un pronom COD ou COI, dans les phrases 3 et 5 mais aussi dans l'audio : *il t'a téléphoné ; je lui ai donné une date ; je peux le faire ; est-ce qu'on leur a fait des cadeaux ; on pourrait lui demander*.

Remarques
Les pronoms sont difficiles à saisir, surtout quand les locuteurs parlent vite. Cette activité permet de s'entraîner à une compréhension détaillée très importante car les francophones utilisent très souvent les pronoms pour éviter les répétitions.

Solution
1. dans un cirque
2. téléphoner
3. lui a donné la date
4. à un traiteur
5. on les invite
6. un clown

13   Lucas répond aux questions de son chef.

Objectif
Compréhension écrite : s'entraîner à la reprise par un pronom.

Démarche pédagogique
Faites l'activité en suivant les consignes.

Solution
lui ai – lui ai pas – ne l'ai pas – allons les – vais vous

10 // FAIRE LA FÊTE

14 a. En groupes. Préparez la fête de fin d'année.

Objectif

Production orale : jouer une préparation de fête.

Démarche pédagogique

- En plénum, faites un remue-méninges autour d'une carte mentale au tableau et réfléchissez à ce qui manque et au vocabulaire qui permettrait de préciser les différents thèmes : un spectacle… de clowns, de danse, etc.
- Pour chaque thème, réfléchissez à ce qui pourrait être fait sans rentrer dans les détails. Laissez les A s'aider de l'encadré en marge.
- Écrivez schématiquement au tableau les décisions de la classe.

Remarques

Ce n'est pas seulement une activité pour apprendre **il faudrait** (neutre) et **il me faudrait** (relié à une personne), c'est aussi un moment de révision du vocabulaire de A1 et A2.

14 b. Répartissez les tâches dans le groupe.

Objectif

Production orale : organiser une fête.

Démarche pédagogique

- Répartissez la classe en groupes de quatre A.
- Demandez ensuite à chaque groupe de jouer la discussion autour de la préparation pendant environ 5 minutes. Ils peuvent naturellement avoir le vocabulaire sous les yeux.
- Les A doivent maintenant rentrer dans les détails : *Quelle musique choisir ? Un DJ ou une chaîne stéréo avec de la musique à la demande ? Quels plats et qui les cuisine ?*, etc.

14 c. Écrivez une invitation à la fête.

Objectif

Production écrite : rédiger une invitation.

Démarche pédagogique

- Une fois terminé, chaque groupe doit rédiger ensemble une invitation. La discussion se poursuit en français.
- Les A déterminent les informations qui doivent figurer sur la carte et comment organiser la carte visuellement.

15 a. Les jours fériés en France.

Objectif

Compréhension écrite : découvrir les jours fériés en France.

Démarche pédagogique

- Lisez les différentes dates et discutez ensemble des traductions possibles en allemand.
- Complétez les lacunes, qui portent sur les fêtes dont la date varie d'année en année.
- Associez les souhaits à la bonne occasion.

15 b. RENCONTRE. Quels jours sont aussi fériés dans votre pays ?

Objectif

Production orale : parler des jours fériés dans son pays.

Démarche pédagogique

- Suivez les consignes de l'activité.
- N'hésitez pas à renvoyer les A à *Mes mots* p. 218 pour faire l'activité dans les meilleures conditions.

Remarques

Si des fêtes inhabituelles sont évoquées, demandez aux A quand elles sont fêtées et ce que l'on dit pour se les souhaiter. Cette activité donne aux A originaires d'un autre pays l'occasion de parler des racines culturelles de leur famille. On pourra y revenir à l'activité 16c.

COUTUMES ET TRADITIONS

16 a. Connaissez-vous les coutumes françaises ?

Objectif

Compréhension écrite : comprendre un questionnaire sur les coutumes françaises. La construction des adverbes.

Démarche pédagogique

- Procédez d'abord à une lecture silencieuse.
- Discutez avec les A des mots nouveaux qui peuvent freiner leur compréhension.
- Demandez-leur maintenant de répondre au questionnaire puis de comparer avec leur voisin.
- Attirez l'attention des A sur les adverbes et comment ils sont construits.

FAIRE LA FÊTE // 10

> **Solution**

- **Au nouvel an,** il y a des feux d'artifice ET on ouvre le champagne, mais à minuit seulement !
- **À Pâques,** on dit aux enfants que des cloches ont laissé tomber des œufs dans les jardins.
- **À Noël,** on mange généralement une dinde aux marrons et une bûche de Noël en dessert.
- **Quand on est invité à manger chez des amis,** on arrive rarement à l'heure. Dix minutes de retard, c'est plus poli.
- **Le 6 janvier,** c'est l'Épiphanie : la fête des Rois. On mange habituellement une galette des rois ET/OU des crêpes.
- **Le jour de la fête du Travail,** traditionnellement, il y a de grandes manifestations dans les rues ET on offre un bouquet de muguet.
- **Le père Noël** apporte les cadeaux dans la nuit du 24 au 25 décembre. On les ouvre le matin.
- **Des invités apportent une bonne bouteille en cadeau.** On l'ouvre et on la boit ensemble.

Le saviez-vous ?
Une bonne partie des **fêtes** et des **jours fériés** sont des fêtes d'origine chrétienne malgré la séparation de l'Église et de l'État. Elles avaient pour but à l'origine de permettre aux Français de pratiquer leur religion. Autrefois en effet, presque toute la population française était catholique. Aujourd'hui, la majorité des gens ne sont plus aussi religieux, au point d'ailleurs que les jeunes ignorent l'origine de certaines traditions. À l'opposé, l'État n'accorde de jours fériés ni aux musulmans ni aux juifs, pourtant fortement représentés en France.

16 b. Relisez le questionnaire et complétez les adverbes.

Objectif
Grammaire : construire un adverbe à partir d'un adjectif.

Démarche pédagogique
- Complétez l'activité 16b.
- Construisez d'autres adverbes pour comprendre les limites de cette règle (ne fonctionne pas avec les participes passés employés comme adjectif, avec les adjectifs qui se terminent par [e]. Ex : l'adjectif **cassé** issu du participe passé du verbe **casser** ne peut pas devenir **cassé-ment**).

Remarques
N'oubliez pas d'expliquer la valeur de l'adverbe placé en début ou en fin de phrase avec une virgule : il s'agit d'insister sur cette modalité de l'action exprimée par le verbe.
Au niveau A2, les formes un peu ou très spéciales (*énormément, bruyamment*) ne sont pas thématisées.

> **Solution**

normalement – généralement

16 c. Dans le questionnaire, avez-vous reconnu des coutumes d'autres pays ?

Objectif
Compréhension écrite : parler des coutumes de son pays. Utiliser des adverbes en **-ment**.

Démarche pédagogique
- Suivez les consignes de l'activité.
- Puis, laissez faire des comparaisons qui seront exposées en plénum : *En France au nouvel an, on…*, *en* + nom du pays, *on…*.

+ Écrivez un e-mail à vos amis français.

Objectif
Production écrite : écrire un e-mail. Faire connaître sa culture.

Démarche pédagogique
- Demandez aux A de réfléchir à trois coutumes qui valent la peine d'être expliquées à un ami francophone (ou limiter à une seule coutume, suivant le temps à disposition).
- Laissez les A rédiger leur e-mail et demandez-leur de vous l'envoyer.

Remarques
Différenciation individuelle à la maison ou en classe, suivant votre planning et le temps à disposition.

17 RENCONTRE. Et vous ? Discutez.

Objectif
Production orale : discuter autour du thème des fêtes.

Démarche pédagogique
Suivez les consignes de l'activité.

10 // FAIRE LA FÊTE

Remarques
Cette discussion se fait idéalement en plénum. C'est l'occasion de parler librement de soi et de mieux se connaître tout en déployant tous les moyens langagiers appris jusqu'à présent. Vous pouvez aussi profiter de cette occasion pour planifier une petite fête en classe.

RENDEZ-VOUS : JEAN-PIERRE, PORTIER DE STARS

Objectif
Compréhension écrite : découvrir une personnalité et une culture francophones.

Démarche pédagogique
- Pour introduire le thème de ce rendez-vous, demandez en plénum si les A connaissent le festival de Cannes et / ou la ville de Cannes.
- Laissez lire la présentation et définir qui sont les V.I.P. : des acteurs mais aussi des producteurs, des scénaristes, des réalisateurs, etc.
- Demandez à présent de lire l'interview. *Est-ce qu'il parle de cinéma ? Quel est l'aspect que Jean-Pierre met en avant ?*
- Lancez la discussion en demandant aux A s'ils iraient au festival de Cannes et quel genre de films ils voudraient voir. Enchaînez ensuite avec les amorces de discussion de l'activité.

Remarques
L'encadré vous permet cette fois de parler des stratégies d'apprentissage qui mettent en jeu l'audiovisuel. Discutez aussi de l'usage de sous-titres dans la langue maternelle d'abord et en français ensuite – ou l'inverse.

EXERCICES

Prononciation
- La nasale [õ]

Remarques
N'oubliez pas que pour former un **on**, il faut faire un [o] avec les lèvres arrondies.

Révisions
L'unité suivante sera consacrée à la **culture**, à **l'invitation** et à la **conversation téléphonique**. Il serait utile de revoir les formulations de **l'unité 4** sur le thème du téléphone et **l'unité 7** sur la rédaction d'une invitation.

CULTURE, CULTURES // 11

INTRODUCTION

Alors que la culture était jusqu'à maintenant en arrière-plan pour permettre aux A de développer leurs compétences interculturelles, *Rencontres* leur propose à présent de s'intéresser au patrimoine culturel francophone abordé à partir de la région d'Albi et du Bénin. La peinture, une ville historique et les échanges internationaux seront au centre de cette unité pour prolonger la spirale où les A reprennent les pronoms compléments et perfectionnent leur maîtrise des temps du passé.

OBJECTIFS, CONTENUS

Communication
- Décrire et interpréter une scène
- S'exprimer au téléphone
- Dire ce qui a plu ou déplu
- Présenter une ville, un pays et ses habitants
- Écrire des lettres ou des e-mails
- Parler des technologies numériques

Grammaire
- Le pronom **en** : position et usage
- Les verbes avec **de**
- Les verbes avec **à**
- Les marqueurs temporels (II) : **depuis, il y a**

Spirale
- Les directions
- Les marqueurs temporels

Prononciation
- **six, dix**

Lexique
- L'art
- Les visites
- Les échanges culturels
- La technologie (II)
- Au téléphone (III)

Rendez-vous
- Najat et le plaisir de partager

Contenus culturels
- Henri de Toulouse-Lautrec
- La ville d'Albi
- La grotte Chauvet

PREMIERS PAS

Nuage de mots. 🔊 97

Faites écouter l'enregistrement et travaillez avec les A selon la démarche indiquée page 9.

1 a. Observez les deux tableaux.

Objectif
Production orale : décrire un tableau.

Démarche pédagogique
- Commencez par une discussion autour du peintre et de son époque. Que savent les A de ce courant artistique ? (cf. *Le saviez-vous ?*)
- Orientez la description des A pour leur donner conscience de la construction très fine de chacun des deux tableaux. Commencez par les personnages de premier et de second plan et ensuite des objets et des décors.
- Que nous disent les vêtements et les objets de l'époque et de ces gens ?

Le saviez-vous ?
Henri de Toulouse-Lautrec est un peintre né en 1864 et mort en 1901. Trois choses ont fait la postérité de cet artiste hors norme : son œuvre d'abord, immense et magnifique, qui marque à la fois un dépassement et une réappropriation de l'impressionnisme par des peintures comme *Au Moulin de la Galette* (1889) ou *Salon Rue des Moulins* (1894). Ensuite, il y a sa silhouette, car en raison d'une maladie génétique osseuse, son tronc s'était développé normalement pendant que ses membres étaient restés courts. Il ne dépassera

11 // CULTURE, CULTURES

jamais 1 m 52. Enfin, sa vie a été marquée par un alcoolisme légendaire (il cachait même de l'alcool dans sa canne) et un amour des maisons closes qui ont été une constante source d'inspiration.

Solution

Sur le tableau de gauche (de 1890, *La Danse au Moulin-Rouge*), on voit une scène dans un cabaret parisien, le Moulin-Rouge. Au milieu, une femme danse le French Cancan avec un homme très maigre. À droite, le personnage principal est une femme très sérieuse. Elle porte une jolie robe rose et un chapeau. Sur le tableau de droite (de 1893, *Femme à sa fenêtre*), on voit une jeune femme blonde, assise sur une chaise. Elle est seule dans la pièce. Elle porte une robe blanche – ou un chemisier blanc. Elle regarde par la fenêtre. Il y a un tapis gris et bleu foncé, les rideaux sont rouges. Elle est calme, elle ne bouge pas, elle regarde seulement le paysage.

Les deux tableaux datent du 19ᵉ siècle.

Le peintre est Henri de Toulouse-Lautrec. Il est très célèbre. Il est né à Albi en 1864 et il est mort en 1901, à 37 ans.

1 b. Choisissez une personne.

Objectif
Production orale : se mettre dans une situation imaginaire.

Démarche pédagogique
- Donnez un peu de temps et laissez les A rédiger deux ou trois phrases au présent de l'indicatif.
- Suivez ensuite les consignes de l'activité en demandant aux A de se mettre à la place d'un personnage et de le faire parler. Cela peut être humoristique, triste voire tragique.

Remarques
Le manuel vous propose ici une exploitation de l'image un peu différente des unités précédentes. Il ne s'agit pas de regarder l'image mais de s'y inclure et d'avoir de l'empathie.

Solution
Propositions :
Tableau *La Danse au Moulin-Rouge* :
« Cette jeune femme qui danse est très jeune, trop jeune pour cet endroit. Je ne sais pas si elle danse avec plaisir ou si elle veut surtout gagner de l'argent… » (= les pensées de la dame en rose)

« Elle danse vraiment très bien. Moi, je suis trop âgé, et je suis trop mince, et je suis fatigué. Je préférerais rester assis sur une chaise, mais nous sommes au Moulin-Rouge, alors il faut danser… » (= les pensées du monsieur mince à gauche, qui danse avec la femme)

Tableau *Femme à sa fenêtre* : « Il est tard. Je ne sais pas où sont les enfants. Ils voulaient rentrer à la maison à 16 heures, et il est déjà 17 heures. » (= les pensées de la jeune femme)

1 c. Quels types de musées vous intéressent ?

Objectif
Production orale : parler d'expériences culturelles.

Démarche pédagogique
- Suivez les consignes de l'activité.
- Élargissez la question aux œuvres ou aux objets ou aux sections du musée qui intéressent particulièrement les A.
- Laissez-les décrire les objets : leurs apparences et leurs fonctions.

Remarques
Cette introduction peut être transformée en un moment de spirale, une reprise de contenus des unités précédentes : *parler de ses goûts, décrire un objet*, etc.

ALBI LA MAGNIFIQUE

2 a. Un prospectus de l'office de tourisme.

Objectif
Compréhension écrite : lire un prospectus. Découvrir une ville.

Démarche pédagogique
- Vous pouvez répartir les différentes questions (sauf les deux dernières) entre des groupes de 2 ou 3 A qui doivent ensuite trouver le plus d'arguments possibles pour répondre.
- En plénum à présent, posez les deux dernières questions : *Quel circuit pour vous-même et pourquoi ?*

Remarques
La dernière question posée par l'activité a aussi pour but de voir si l'A est capable d'exprimer son intérêt ou non pour Albi. C'est une bonne révision – dans un autre contexte – de la justification de l'unité 6.

CULTURE, CULTURES // 11

Le saviez-vous ?
Albi est une petite ville de 50 000 habitants en Occitanie et plus précisément dans la région du Tarn. C'est une ville marquée par la culture et la nature mais aussi par la religion. La cathédrale fortifiée Sainte-Cécile cache une histoire houleuse et très violente : Albi a été pendant le Moyen Âge le haut lieu du catharisme, une interprétation de la Bible que l'Inquisition déclara hérétique et contre laquelle elle orchestra des répressions extrêmement violentes au XIIIème siècle. Et c'est contre les Cathares que la cathédrale fut construite.

Solution
- pour une personne qui s'intéresse à l'art : Circuit avec Brahim
- pour une personne à mobilité réduite : Circuit avec Valérie
- pour un jeune couple sportif : Circuit avec Thierry

2 b. Au téléphone. Écoutez et cochez. 🔊 98 [99]

Objectif
Compréhension orale détaillée : suivre une discussion téléphonique pour s'informer.

Démarche pédagogique
- Procédez à une première écoute à livres fermés et posez des questions de compréhension globale : *Qui parle ? Sur quel thème ? Qu'est-ce qu'on veut savoir ? Où se trouvent les interlocuteurs ?*
- Ouvrez les livres avec les A et, par une deuxième écoute, demandez de cocher les expressions utilisées dans le dialogue.
- Clarifiez les expressions qui ne sont pas utilisées dans le document.

Remarques
Vous pouvez aussi compléter avec une troisième écoute plus détaillée : *Quel est le numéro de téléphone de monsieur Martinez ? Qu'est-ce qu'ils veulent louer ?*

Solution
On entend :
Dialogue 1 :
- Je voudrais parler à…
- Est-ce que je pourrais lui laisser un message, s'il vous plaît ?
- Vous êtes monsieur… ?
- Vous voulez que Thierry vous rappelle ?
- Il peut me rappeler au…

Dialogue 2 :
- J'ai une question.
- Merci de votre appel.

Les autres phrases :
- C'est de la part de qui ? – *Wer ist am Apparat?*
- Ne quittez pas, s'il vous plaît. – *Bleiben Sie bitte am Apparat.*

2 c. Réécoutez. Les touristes aimeraient faire quel circuit ? 🔊 98

Objectif
Compréhension orale globale : comprendre l'opinion d'une personne dans une conversation.

Démarche pédagogique
Suivez les consignes de l'activité.

Solution
1. Circuit avec Thierry
2. Circuit avec Valérie

2 d. Écoutez encore une fois et complétez les informations manquantes. 🔊 98

Objectif
Compréhension orale détaillée : comprendre des chiffres et des informations utiles.

Démarche pédagogique
Suivez les consignes de l'activité.

Variante
- Pour conclure cette activité, vous pouvez demander aux A de réfléchir à des circuits possibles dans leur ville.
- Proposez aux A de présenter leur circuit sur une feuille en format A4 qu'ils accrocheront au mur une fois terminée.
- Ils lisent ensuite les contributions et disent eux aussi quel circuit serait le meilleur pour eux.

Remarques
Il est évidemment interdit de choisir son propre circuit.

Solution
1. 25 euros par personne
2. 45 minutes ou plus – oui

11 // CULTURE, CULTURES

3 À deux. Vous téléphonez à l'office de tourisme.

Objectif

Production orale : obtenir des renseignements sur un circuit.

Démarche pédagogique

- Dans cette activité, il est important de donner une structure aux A. Reprenez dans un premier temps la deuxième discussion du document oral précédent.
- Au tableau, dressez le plan du dialogue : 1) présentation ; 2) question ; 3) réponse. Et on peut compléter par d'autres questions et d'autres réponses.
- Pour cette raison, donnez quelques minutes aux A pour préparer des questions sur le circuit qui les intéresse, individuellement.
- Par deux ensuite, laissez les A jouer la conversation téléphonique. Celui qui joue l'office de tourisme a bien entendu le droit d'avoir le livre sous les yeux.

4 a. Des commentaires après la visite.

Objectif

Compréhension écrite détaillée : évaluer un séjour.

Démarche pédagogique

- Lisez les commentaires en plénum et expliquez les difficultés que les A pourraient avoir.
- Profitez-en pour corriger la prononciation si nécessaire.
- Évaluez avec la classe, pour chaque commentaire, quelle note correspond au commentaire.

Remarques

Insistez sur les structures qui permettent d'exprimer un avis positif ou négatif. Les A en auront besoin pour la deuxième partie de l'activité (RENCONTRE).

> **Solution**

mots et expressions positifs :
beaucoup aimé – génial – très intéressant – beaucoup plu
j'ai bien aimé
magnifique – jamais rien vu d'aussi beau – j'ai adoré – c'était super

mots et expressions négatifs :
j'ai détesté – dangereux – je n'ai pas du tout aimé – bof – Ça ne m'a pas beaucoup plu – trop lentement – ennuyeux

nombre d'étoiles :
– J'ai bien aimé le canoë… : peut-être 3 étoiles
– La cathédrale… : peut-être 5 étoiles
– Bof… : peut-être 1 étoile

4 b. RENCONTRE. Votre dernier séjour dans une ville inconnue.

Objectif

Production orale : raconter un souvenir. Évaluer un séjour.

Démarche pédagogique

- Suivez les consignes de l'activité et laissez les A donner leur avis sur leurs dernières vacances.
- Demandez-leur aussi de donner une note : 4 sur 5, 5 sur 5…

Remarques

Cette activité est propice à une répétition du passé composé voire de l'imparfait.

5 « Une trottinette, j'en ai une à la maison. »

Objectif

Grammaire : le pronom **en**.

Démarche pédagogique

- Dans un premier temps, laissez les A découvrir l'encadré : *Qu'est-ce qui est commun à tous ces mots ? Ils sont tous accompagnés d'un article indéfini (**un** ou **des**) ou de la préposition **de**.
- Insistez sur le fait que la structure fondamentale à utiliser ici est *J'ai un* ou *des X* ou *Je n'ai pas de*.
- Laissez ensuite les A se poser les questions en suivant les consignes de l'activité.

Remarques

Laissez les A inventer au moins une autre question en puisant dans leurs souvenirs des champs lexicaux précédents (ou même pourquoi pas du temps du A1 ?)

> ▶ Voir capsule de grammaire numéro 11 : **LES PRONOM *EN***

6 RENCONTRE. Reliez les éléments suivants pour poser des questions aux autres.

Objectif

Production orale : répondre sans répéter l'objet direct indéfini.

CULTURE, CULTURES // 11

Démarche pédagogique
- Laissez les A reconstruire les phrases.
- Ils sont maintenant en possession d'un script et ils peuvent jouer à se poser des questions.

Remarques
La répétition est ici importante pour développer un automatisme. L'usage du pronom **en** comme celui du pronom **y** nécessite un certain entraînement.

Solution

faire du sport
boire du café le soir
manger de la viande
connaître un peintre personnellement
mettre des chaussettes au lit
acheter des souvenirs en vacances
avoir de la famille en France

Proposition :
- Paul, vous faites du sport le dimanche ?
- Oui, j'en fais le dimanche. / Non, je n'en fais pas.
- Anna, tu manges de la viande ?
- Oui, j'en mange beaucoup. / Oui, mais je n'en mange pas beaucoup.

etc.

ÉCHANGES CULTURELS

7 a. Lisez ce communiqué de la ville d'Albi.

Objectif
Compréhension écrite : appréhender les jumelages.

Démarche pédagogique
- Demandez aux A de lire le texte *Bienvenue !* et faites au tableau une carte mentale des jumelages.
- À côté de chaque ville, indiquez le pays à partir des adjectifs.

Remarques
Cette première étape permet de passer d'une compréhension globale à une première compréhension détaillée. Vous pouvez cependant commencer par des questions plus générales : *Qu'est-ce qu'un communiqué ? Qu'est-ce qu'une mairie ? Est-ce qu'on peut appeler ce texte « une publicité » ?*

Solution

Gérone (ville espagnole)
Palo Alto (ville américaine, des États-Unis)
Lijiang (ville chinoise)
Abomey (ville béninoise)

7 b. Lisez la partie « petit rappel » de l'article.
🔊 100

Objectif
Compréhension écrite : appréhender le Bénin et sa situation géographique.
⑥ Spirale : Les directions.

Démarche pédagogique
- Suivez les consignes de l'activité.
- Si vous avez le temps, demandez aux A de choisir une ville et, sans en dire le nom, de le faire deviner à la classe en suivant le modèle du petit rappel. La question de la position d'une ville fera l'objet de l'activité 8b.

Remarques
Lorsqu'ils expriment une direction, une position ou une situation, les points cardinaux doivent être écrits en minuscule. Ce n'est que lorsqu'ils sont employés comme désignation d'un lieu ou d'une entité politique qu'ils doivent être écrits avec une majuscule.

Solution

le Nigéria à l'**est** – le Niger et le Burkina Faso au **nord** – la côte atlantique au **sud** – Abomey se trouve au **centre** du pays

7 c. Relisez le communiqué.

Objectif
Compréhension écrite : approfondir le vocabulaire de l'échange.

Démarche pédagogique
Suivez les consignes de l'activité.

Solution

– Un habitant – est une personne…
– La capitale – est la ville principale…
– Un jumelage – est un partenariat…
– Une mairie – est l'endroit où travaille…

8 a. Est-ce que votre ville a des partenariats avec d'autres villes ?

Objectif
Production orale : présenter votre ville.

Démarche pédagogique
- Attirez l'attention des A sur l'encadré et l'ensemble des informations que l'on peut donner sur une ville.
- Suivez les consignes de l'activité.

11 // CULTURE, CULTURES

Variante
Si les A ne connaissent pas bien les partenariats, laissez-les choisir une ville qu'ils ont visitée en vacances et laissez-les la décrire à partir des informations demandées.

Remarques
Si les A n'ont pas su répondre ad hoc à la question, vous pouvez faire rechercher les partenariats sur Internet. En effet, il existe souvent des jumelages peu actifs dont on peut ne pas connaître l'existence.

8 b. RENCONTRE. Présentez une ville sans la nommer.

Objectif
Production orale : donner des informations sur une ville.

Démarche pédagogique
Suivez les consignes de l'activité.

9 a. Des membres du comité d'échange d'Albi-Abomey ont reçu une invitation.

Objectif
Compréhension écrite : lire une invitation.

Démarche pédagogique
- Lisez les e-mails aux A qui soulignent au fur et à mesure de la lecture les mots qui leur posent des problèmes.
- Clarifiez le vocabulaire et faites ensuite lire les A.

Remarques
L'accord et le désaccord ont déjà été vus dans l'unité 9.

Solution
- Annie refuse parce qu'elle doit s'occuper des enfants de sa sœur.
- Jacques et Laurence Duteil acceptent, parce qu'ils s'intéressent à la danse et au théâtre et parce que leurs amis leur ont beaucoup parlé de la fête des cultures.

9 b. Relisez et complétez. Comment fait-on dans une lettre pour... ?

Objectif
Compréhension écrite détaillée : analyser la structure d'une lettre ou d'un e-mail.

Démarche pédagogique
- Faites l'activité en demandant aux A de souligner les structures qui leur ont permis de comprendre l'acceptation, le refus et les raisons. Attachez-vous aussi aux formules standard de début et de fin, lesquelles varient selon la relation entre l'émetteur et le destinataire.
- Laissez les A compléter le tableau.

Remarques
L'invitation a déjà été abordée dans l'unité 10 mais de manière générale. Il s'agit ici d'acquérir une connaissance approfondie de la structure de la lettre et des compétences adéquates pour la rédiger.

Solution
commencer :
vous : Cher Monsieur...
remercier :
tu : Merci pour ton invitation. C'est très gentil de ta part.
vous : Je vous remercie pour votre très aimable invitation.
accepter :
vous : Ma femme et moi acceptons volontiers
s'excuser :
tu : Malheureusement, ... – Je suis (vraiment) désolé/e.
terminer :
tu : Je t'embrasse, – Bises de (ma mère...)
vous : Avec toutes nos amitiés,

9 c. Invitez votre voisin/e de gauche.

Objectif
Production écrite : inviter son voisin.

Démarche pédagogique
- Chacun prépare un carton d'invitation à l'écrit en essayant de respecter la structure des textes précédents.
- Chacun passe son invitation à son voisin.
- Ce dernier accepte ou refuse mais dans tous les cas, il doit y répondre à l'écrit sur l'autre face du carton.

Remarques
Cette activité peut aussi donner lieu à une séance d'autocorrection entre les A. L'auteur de l'invitation corrige la réponse et le répondant l'invitation.

CULTURE, CULTURES // 11

+ Reconstituez la lettre d'invitation.

Objectif
Production écrite : rédiger une invitation.

Démarche pédagogique
- Demandez aux A de relire attentivement les deux e-mails de 9a.
- Ils doivent ensuite réfléchir aux textes d'origine, c'est-à-dire aux invitations en soi.
- Demandez-leur de rédiger l'une des deux invitations en respectant la structure vue dans l'activité précédente.

Remarques
Différenciation individuelle à la maison ou en classe, suivant votre planning et le temps à disposition.

10 a. Certains verbes ou expressions sont suivis des prépositions *de* ou *à*. Lesquels ?

Objectif
Grammaire et syntaxe : préparer des questions à partir de verbes accompagnés de la préposition **à** ou **de**.

Démarche pédagogique
- Relisez les textes de 9a en soulignant cette fois les verbes suivis d'un complément indirect.
- Expliquez la raison de cette distinction : un COD est un objet qui s'ajoute au verbe directement sans préposition ; un COI est un objet qui ne peut s'associer à un verbe que par une préposition.
- Expliquez – ou réexpliquez – que la rection des verbes est immuable (**parler DE, participer À**) et qu'il faut toujours apprendre la préposition en même temps que le verbe lui-même.
- Complétez la liste en marge et demandez aux A de préparer une question avec l'un de ces verbes.

Solution
verbes suivis de la préposition de :
se souvenir de – avoir envie de – s'occuper de – parler de
verbes suivis de la préposition à :
participer à – penser à – s'intéresser à

10 b. Une chaîne. Choisissez un de ces verbes.

Objectif
Production orale : poser une question avec **à qui / à quoi** ou **de quoi** et répondre en utilisant des COI.

Démarche pédagogique
Faites la chaîne en demandant aux A d'improviser leur réponse à partir du verbe utilisé dans la question posée.

11 RENCONTRE. En groupes. Vous voudriez créer un partenariat.

Objectif
Production écrite : rédiger un e-mail pour créer un partenariat.

Démarche pédagogique
- Organisez des groupes de 3 A en leur demandant successivement de répondre en français aux questions suivantes : *Avec quelle ville ? En quoi est-ce que les villes se ressemblent ? Quels avantages peut-on en retirer ?*
- Une fois ce remue-méninges accompli, laissez du temps pour rédiger un e-mail officiel (donc avec le vouvoiement).
- Chaque groupe lit son e-mail et il est recommandé de le ramasser et de le corriger.
- À la séance suivante, vous pouvez faire une synthèse des erreurs commises et peut-être présenter ou distribuer une lettre modèle.

Remarques
Comme les textes ont été écrits en groupe, il n'y aura pas de pression ou de stress qui pourrait être engendré par une correction en plénum. Cela permet de faire un point grammaire très utile : les A ont besoin de temps en temps de faire un bilan objectif sur leur progression. C'est aussi un aspect important de la spirale (cognitive et métacognitive).

LE TOURISME NUMÉRIQUE

12 a. Le saviez-vous ? Lisez cet article.

Objectif
Compréhension écrite : lire un article de presse.

Démarche pédagogique
- Laissez les A lire le texte de manière autonome et de voir si, tout seuls, ils parviennent à acquérir une compréhension globale du texte.
- Lisez ensuite avec les A (une phrase chacun) pour éclaircir les difficultés lexicales et grammaticales.

11 // CULTURE, CULTURES

Solution

Rester à la maison et voir le monde

12 b. Relisez le texte pour répondre aux questions.

Objectif
Compréhension écrite détaillée : lire un article de presse.

⑥ Spirale : Les marqueurs temporels.

Démarche pédagogique
Suivez les consignes de l'activité.

Solution

– Depuis quand est-ce qu'on peut visiter… ?
 – Depuis la fin des années 2000.
– Quand est-ce qu'on a peint… ?
 – Il y a 36 000 ans.
– Depuis quand est-ce que l'Occitanie… ?
 – Depuis 2009.

tableau à gauche :
il y a 3 ans = **vor** 3 Jahren
depuis 2009 = **seit** 2009

> **Le saviez-vous ?**
> **La grotte Chauvet** se nomme en réalité la grotte ornée du Pont d'Arc. Chauvet est le nom de l'un de ses découvreurs en 1994. Il est possible de contempler dans une réplique de la grotte (« Grotte Chauvet 2 ») un millier de peintures et de gravures de plus de 30 000 ans dont beaucoup de représentations d'animaux. La grotte est inscrite au patrimoine mondial de l'UNESCO depuis 2014.

12 c. Quelle visite proposée dans l'article vous intéresse le plus ?

Objectif
Production orale : s'exprimer sur une visite.

Démarche pédagogique
Suivez les consignes de l'activité.

Remarques
Les questions en 12c sont données pour vous permettre de diriger la discussion et de la relancer. Il est conseillé de fermer les livres (ou de les ouvrir à la section *Mes mots*) et de lancer une conversation libre sur ce thème.

Vous pouvez demander aux A, en guise de devoir, de rechercher des informations sur Internet sur des visites virtuelles dans leur région ou leur pays. Vous pourrez ainsi commencer la prochaine séance par une discussion sur ce que la région offre comme possibilités.

13 a. Les médias et vous. Discutez.

Objectif
Production orale : interagir sur les médias.

Démarche pédagogique
- Pour préparer cette activité, demandez aux A de dire ce qu'ils utilisent comme technologies numériques. Cela vous évitera de mauvaises surprises si l'un des A est réfractaire à toute innovation.
- Passez ensuite aux questions de l'activité en ouvrant la section *Mes mots* recommandée en marge.
- Passez rapidement en revue le choix de réponses pour être certain que tous les A comprennent.

Remarques
Vous pouvez travailler en plénum ou par groupes de deux ou trois.

13 b. Écoutez ces trois personnes. 🔊 101

Objectif
Compréhension orale : suivre une discussion sur l'informatique.

Démarche pédagogique
- Lisez le choix de réponses et expliquez si des incertitudes subsistent.
- Écoutez une première fois et demandez aux A de faire des hypothèses.
- Écoutez une deuxième fois et laissez les A donner un exemple plus concret.

Solution

personne 1 : une messagerie
personne 2 : un GPS
personne 3 : un moteur de recherche

CULTURE, CULTURES // 11

14 RENCONTRE. Quelles applis utilisez-vous et depuis quand ?

Objectif
Production orale : discuter des applications utilisées.

Démarche pédagogique
- Cette discussion s'articule très facilement à l'activité précédente. Les témoignages oraux peuvent en effet servir de modèle de communication.
- Enrichissez la discussion de questions sur l'usage : *Qu'est-ce que telle ou telle appli apporte dans votre quotidien ? Vous l'utilisez souvent ? Lesquelles est-ce que vous pourriez recommander ?*

RENDEZ-VOUS : NAJAT ET LE PLAISIR DE PARTAGER

Objectif
Compréhension écrite : découvrir une personnalité et une culture francophones.

Démarche pédagogique
- Lisez le titre à voix haute et laissez les A faire des hypothèses. Que peut signifier *le plaisir de partager* ?
- Demandez aux A de lire le texte et le témoignage.
- Ont-ils compris de quel partage il s'agit ?
- Demandez aux A de lire l'interview. Les A sont-ils d'accord avec la réflexion de Najat à la fin ?
- Lancer la discussion sur les deux axes proposés : Quelles sont les fêtes étrangères que les A connaissent ? Quelles sont les influences qui enrichissent leurs traditions ?

EXERCICES

Prononciation
- Six et dix

Remarques
Souligner l'importance de l'enchaînement pour acquérir le bon rythme : non pas [sis] – à table mais [sisa] – table.

Révisions
En préparation à l'unité suivante, où il va être beaucoup question de **l'avenir** et d'un tout nouveau temps, le futur, incitez les A à revoir les formes de **l'imparfait (unité 1)** et le **conditionnel (unité 7)**.

12 // LES TEMPS CHANGENT

INTRODUCTION

Cette dernière unité a une double fonction : elle clôt le niveau A2 et conclut donc la spirale que les A suivent depuis le A1, et elle transforme cette conclusion en une étape qui doit participer à la remotivation des A pour aller plus loin, pour passer du niveau de *survie* au niveau de *locuteur indépendant*. Pour cela, il est important que les A prennent conscience que 50 % du B1 sont une répétition et un approfondissement des contenus vus en A1 et en A2. S'ils ont éprouvé du plaisir et de la facilité pendant les activités de *Rencontres A2*, ils éprouveront la même chose au niveau B1.

OBJECTIFS, CONTENUS

Communication
- Parler de l'avenir
- Faire des projets
- Comparer des styles d'habitation et des modèles de vie
- Donner son avis
- Présenter un projet écologique et en juger
- Exprimer le désir et l'intention de faire quelque chose

Grammaire
- Le futur simple
- Le superlatif

Spirale
- Les connecteurs du discours
- Les pronoms toniques

Prononciation
- Exercices de prosodie

Lexique
- L'horoscope
- Les produits du terroir
- Environnement et écologie
- Action collective

Rendez-vous
- Le tour du monde de Guirec et Monique

Contenus culturels
- Les bonnes résolutions
- Les jardins en immeuble
- Les Français et la voile

PREMIERS PAS

Nuage de mots. 🔊 105

Faites écouter l'enregistrement et travaillez avec les A selon la démarche indiquée page 9.

1 Regardez les cartes et cherchez les paires.

Objectif
Production orale : travailler avec des images et parler de l'évolution de la société.

Démarche pédagogique
- Regardez successivement chaque photo et pour chacune d'elle trouvez un thème, par ex. *la famille, le téléphone, l'ordinateur, le logement, le train, les jouets ou l'avion*.
- Demandez aux A de les décrire succinctement.
- Une fois les associations faites, demandez aux A de juger de cette évolution : *Est-ce qu'elle est positive ou négative ? Du point de vue du niveau de vie, social ou écologique ?*

Remarques
Il s'agit ici d'un moment important de la spirale lexicale puisque les A doivent mobiliser le vocabulaire des unités précédentes dans un contexte qui va les conduire par ailleurs à utiliser des connecteurs de la continuité et de la discontinuité (**avant / après** par exemple).

> **Solution**
>
> 1 et 5 – 2 et 12 – 3 et 8 – 4 et 9 – 6 et 10 – 7 et 11
>
> *Qu'est-ce qui a changé ?*
> – Les gens ont un portable.
> – Les familles sont souvent beaucoup plus petites.

LES TEMPS CHANGENT // **12**

- Les enfants jouent souvent avec des jeux électroniques.
- Avant, beaucoup de gens vivaient dans des vieilles maisons, maintenant, beaucoup vivent dans des maisons modernes.
- Avant, il n'y avait pas d'ordinateurs, on écrivait sur des machines à écrire.
- Les trains (et tous les moyens de transport) étaient beaucoup plus lents.

2   À quelle photo correspond ce que vous entendez ? 🔊 106

Objectif
Compréhension orale : interpréter des sons.

Démarche pédagogique
Suivez les consignes de l'activité.

Remarques
Ne demandez pas aux A de décrire trop en détail les relations entre le son et l'image car cela supposerait de maîtriser des structures passives.

Solution
a. 1 – b. 5 – c. 11 – d. 7

DEMAIN…

3 a.   De quel signe êtes-vous ?

Objectif
Compréhension écrite globale ; identifier les signes du zodiaque.

Démarche pédagogique
- Lisez les signes et les dates, pas encore les prédictions. Traduisez si besoin les signes du zodiaque.
- Suivez les indications de l'activité.
- Une fois alignés, demandez aux A de former des groupes de deux et d'inventer une description de soi à partir de son signe. Il s'agit de se présenter mais à partir du signe astrologique.
- Qu'est-ce que les A s'imaginent ou associent à partir de leur signe ?

Remarques
Il n'est pas nécessaire de croire à l'astrologie pour faire l'activité. C'est une bonne occasion de découvrir un nouveau temps et cela peut donner lieu à une séance très drôle.

3 b.   Lisez ces prédictions pour l'été prochain.

Objectif
Compréhension écrite détaillée : juger des prédictions.

Démarche pédagogique
- Lisez les prédictions et pour chacune, demandez si elles sont réalistes ou non et surtout exigez une justification. Certaines sont volontairement très improbables.
- Plus précisément maintenant, demandez aux A de bien observer les verbes. *Qu'est-ce qui est nouveau ?*

3 c.   Un nouveau temps pour exprimer l'avenir : le futur simple.

Objectif
Grammaire : découvrir le futur simple.

Démarche pédagogique
- Complétez avec les A la conjugaison qui prend pour base l'infinitif (sauf les verbes **être** et **falloir**).
- Expliquez la différence entre le futur proche ou composé *(le projet concret, l'action dans le futur proche)* et le futur simple *(pour la planification, la prévision et la prophétie)*.

Remarques
N'oubliez pas d'attirer l'attention des A sur l'encadré en marge et surtout sur la règle avec les verbes qui se terminent en **-re**.
Le manuel ne vous donne que quelques exemples de verbes irréguliers. Voici un complément que vous pouvez fournir à des groupes particulièrement rapides et / ou motivés : **devenir, voir, savoir, devoir, tenir, courir, accueillir**.

Solution

trouver	vous trouverez
être	vous serez
avoir	vous aurez
faire	vous ferez
aller	vous irez

La règle : *Das Futur wird gebildet, indem man die Endungen an den Infinitiv anhängt.*

> 📹 Voir capsule de grammaire numéro 12 :
> **LE FUTUR SIMPLE**

12 // LES TEMPS CHANGENT

4 a. Lisez cet horoscope et complétez-le.

Objectif
Compréhension écrite : comprendre une prédiction. Utiliser le futur.

Démarche pédagogique
- Lisez une première fois le texte en demandant aux A de repérer les thèmes de l'horoscope. *Est-ce qu'ils sont typiques ?*
- Laissez-les ensuite suivre les consignes de l'activité.

Solution
Cet été, vous **réaliserez** tous vos projets ! Vous **ferez** aussi la connaissance d'une personne qui **changera** peut-être votre vie. Côté santé, tout **ira** bien. Vous **aurez** encore quelques problèmes de migraine et vous **dormirez** mal à cause de la pleine lune, mais ensuite vous **serez** à nouveau en pleine forme.

4 b. Contrôlez en écoutant. 🔊 107

Objectif
Compréhension orale détaillée : correction de l'activité, reconnaissance orale du futur.

Démarche pédagogique
- Corrigez en écoutant le document sonore.
- Demandez aux A s'ils trouvent le texte plutôt optimiste ou pessimiste. Pourquoi ?

5 Vous êtes astrologue. Écrivez une petite prédiction.

Objectif
Production écrite : rédiger une prédiction.

Démarche pédagogique
- Commencez par une activité orale. Demandez aux A de se tenir la main et de se faire des prédictions.
- Ainsi préparés, les A écrivent une prédiction sur un papier.
- Faites circuler les papiers et votez ensemble pour la prédiction la plus drôle, la plus réaliste ou la plus inattendue.

Remarques
Outre son côté ludique, c'est une activité pour utiliser le futur simple et les indicateurs du futur. Demandez aux A de veiller à utiliser les deux.

6 RENCONTRE. Choisissez au moins cinq bonnes résolutions.

Objectif
Production orale : prendre des résolutions. Parler de l'avenir.

⑥ Spirale : Les connecteurs du discours.

Démarche pédagogique
- Répartissez la classe en différents groupes de 3 ou 4 A.
- Demandez aux A de s'imaginer être un premier janvier. Quelles bonnes résolutions vont-ils prendre ? Un premier A commence par poser la question : *Quelles bonnes résolutions est-ce que tu vas prendre ?* Vous pouvez écrire cette question au tableau pour faciliter l'amorce du dialogue.

Remarques
N'oubliez pas de préciser aux A qu'il ne s'agit pas de réciter les uns après les autres des projets. Il faut donner son avis sur ce qui vient d'être dit et passer la parole par un « et toi ? » par exemple.

> **Le saviez-vous ?**
> **Les bonnes résolutions** constituent une pratique très ancienne puisque qu'on en prenait déjà en Mésopotamie au troisième millénaire avant notre ère. Il s'agissait cependant d'une pratique religieuse très formelle qui n'a plus rien à voir avec nos résolutions qui n'engagent que celui qui les prend. D'ailleurs le terme de résolution ne prend ce sens qu'à partir du XVème siècle. Avant cela, ce mot voulait dire un relâchement, un lâcher-prise voire une dissolution… tout le contraire d'une « bonne résolution ».

PARIS DE PLUS EN PLUS VERT

7 a. Habiter à Paris ou en banlieue ?

Objectif
Compréhension écrite : lire un témoignage sur les conditions de logement.

Démarche pédagogique
- Lisez les témoignages. Est-ce que les A ont compris globalement leur teneur ?

LES TEMPS CHANGENT // 12

- Tracez deux colonnes et faites la liste des avantages et des inconvénients évoqués par Justine et Amadou.
- Demandez aux A s'ils voient d'autres avantages ou inconvénients d'habiter dans une grande ville.

Solution

vie en banlieue :
avantages : petite maison, jardin, loyer moins cher (qu'à Paris)
inconvénients : on est fatigué, on passe beaucoup de temps dans les transports. Justine ne voit pas beaucoup son fils.

vie à Paris :
avantages : on peut tout faire à pied ou à vélo. La culture, les spectacles : tout est à côté.
inconvénients : la pollution, trop de voitures

7 b. Qui pourrait dire ces phrases ?

Objectif
Compréhension écrite : relecture ciblée d'un texte.
Grammaire : identifier la structure du superlatif dans un texte et appliquer la règle de construction du superlatif.

Démarche pédagogique
- Demandez de fermer les livres et lisez à voix haute les phrases proposées. Les A devinent-ils ce que signifient les structures superlatives ? Peuvent-ils en donner une traduction ?
- Faites rouvrir les livres et regardez avec les A l'encadré en marge de l'activité.
- Laissez les A lire les phrases et dire qui pourrait les dire.
- Complétez l'activité après avoir relu attentivement les textes.

Remarques
Vous pouvez aussi entamer une petite discussion pour préparer la rencontre suivante : *Quelles affirmations seraient aussi vraies pour vous ? Avec quelle affirmation est-ce que vous seriez d'accord ?*

Solution

Justine :
Malheureusement, les appartements…
Rester ici, c'est la solution…
Le plus fatigant, c'est…

Amadou :
La meilleure solution…
L'air est parfois pollué…

tableau :
- la solution **la plus** économique
- **mon plus grand** problème
- **la meilleure** solution
- **le plus** fatigant

7 c. RENCONTRE. Discutez. Dans votre région…

Objectif
Production orale : discuter des conditions de vie.

Démarche pédagogique
- Lancez la discussion sur la différence entre la (grande) ville et la campagne.
- Demandez de comparer des villes, non pas avec des structures de comparaison mais avec des superlatifs, évidemment.

8 a. Observez la photo. Que voyez-vous ?

Objectif
Production orale : décrire une photo. Sensibilisation à l'activité suivante.

Démarche pédagogique
- Faites décrire la photo par les A en prenant le temps de diriger l'attention du premier plan à l'arrière-plan en passant par les plans intermédiaires. Cela permet de réviser la localisation spatiale.
- Ensuite laissez les A deviner où se trouve le potager.
- Enfin, attirez l'attention des A sur les personnes qui se trouvent sur la photo. Qu'est-ce qu'ils remarquent ? Une grande diversité d'âge.

Le saviez-vous ?
C'est à Paris dans le XVème arrondissement que l'on trouve actuellement **l'une des plus grandes fermes urbaines d'Europe**, sur le toit du hall 6 du Parc des Expositions à la Porte de Versailles. Les légumes sont cultivés hors-sol et vendus dans la région, voire dans le quartier. Tout le monde peut venir participer et cultiver son propre lopin. Cela conduit à un mélange étonnant des âges, des classes sociales et des cultures pour un jardin. Plus qu'un lieu de production, c'est un lieu de rencontre.

Solution

Proposition :
C'est un jardin. Il est très vert, avec des fleurs et des légumes. Mais ce n'est pas un jardin individuel, et

12 // LES TEMPS CHANGENT

nous sommes dans une grande ville, car au fond, il y a des grands immeubles. Et à droite, on voit deux voitures dans la rue. Devant, il y a un groupe de gens qui travaillent ensemble. Un homme assez âgé montre une plante à deux femmes. Ces femmes sont jeunes, elles portent des t-shirts, donc nous sommes en été et il fait chaud.

8 b. Une solution pour améliorer la qualité de l'air : jardiner en ville.

Objectif
Compréhension écrite : comprendre un mode de production alternatif.

Démarche pédagogique
- Demandez aux A de suivre les consignes de l'activité en n'oubliant pas de garder en tête la photo.
- Par groupes de deux, laissez les A discuter de la réalité ou non des affirmations sans lire le texte. Les A doivent faire ensuite une hypothèse pour chaque affirmation.
- Lisez le texte ensemble et corrigez au fur et à mesure des hypothèses précédentes.

Remarques
Il peut être judicieux de demander aux A de cacher le texte afin de pouvoir discuter plus largement. Cette activité est d'abord un remue-méninges pour que les A mobilisent le lexique qui leur sera utile pour la suite.

Solution
- Les potagers sur les toits… : Faux. Ces potagers existent déjà.
- À Paris, on trouve des poules… : Faux. On trouve des poules dans les jardins en banlieue.
- Les fruits et légumes […] sont dangereux… : Faux. Ces fruits et légumes ont un taux de plomb et de cadmium inférieur aux normes européennes.

8 c. RENCONTRE. Faire pousser des fruits et des légumes dans les villes…

Objectif
Production orale : discuter d'un mode de production alternatif.
Spirale : Les pronoms toniques.

Démarche pédagogique
- Expliquez aux A l'utilisation du pronom tonique qui a été vu en unité 8 et qui est très important pour donner de l'assurance à une intervention orale.
- Suivez les consignes de l'activité.

Remarques
N'oubliez pas qu'il y a plusieurs possibilités de faire un potager en ville : entre les immeubles et surtout sur les immeubles. Il y a aussi la solution des jardins à louer en banlieue.

+ Faites un glossaire du vocabulaire de l'écologie et du jardinage dans le texte de 8b.

Objectif
Production écrite : enrichir son lexique.

Démarche pédagogique
Cette activité peut se faire sous la forme d'un glossaire classique mais vous pouvez aussi proposer aux A de le réaliser sous la forme d'une carte mentale ou même d'un nuage de mots où les mots *écologie* et *jardinage* seraient les plus gros.

Remarques
Différenciation individuelle à la maison ou en classe, suivant votre planning et le temps à disposition.

9 a. Écoutez Marie nous parler de son balcon à Paris. 108

Objectif
Compréhension orale sélective : suivre une interview sur le jardinage en ville.

Démarche pédagogique
- Suivez les consignes de l'activité.
- Après la première écoute, posez d'abord des questions assez ouvertes : *Où habite Marie ? Est-ce que son logement est grand ? Qu'est-ce qu'elle fait sur son balcon ?*

Variante
- À livres fermés, ne faites écouter que l'introduction. Demandez aux A de dire qui est Marie.
- Laissez ensuite les A écouter la suite et demandez-leur alors d'ouvrir les manuels.
- Réécoutez une deuxième fois en suivant la démarche de l'activité.
- Complétez l'activité avec une troisième écoute pour rechercher toutes les plantes dont il est question dans le monologue de Marie.

Solution
- il y a 3 ans
- herbes aromatiques
- compost

LES TEMPS CHANGENT // 12

9 b. Écoutez encore une fois. 🔊 108

Objectif
Compréhension orale détaillée : repérer les expressions d'un désir ou d'une intention.

Démarche pédagogique
- Lisez avec les A le choix de réponses et assurez-vous que les nuances sont comprises : avoir envie de tomates ne veut pas du tout dire avoir envie de la cultiver et vouloir des fruits ne veut pas forcément dire vouloir avoir des fruits. Il est important de sensibiliser les A à ces variations.
- Suivez les consignes de l'activité.

Solution

Phrases qui correspondent :
Marie veut montrer son balcon.
J'ai eu envie de cultiver des tomates.
J'ai décidé de planter autre chose.

9 c. Elle a réalisé son rêve.

Objectif
Production écrite : faire un résumé.

Démarche pédagogique
- Laissez les A ouvrir le manuel à la page du lexique *Mes mots* correspondant et demandez-leur d'écrire un résumé en quelques phrases.
- Demandez aux A d'échanger leurs textes et de se corriger mutuellement.

10 RENCONTRE. Vous habitez tous dans l'immeuble de la page 12.

Objectif
Production orale : débattre d'un problème de voisinage.

Démarche pédagogique
- Demandez aux A de s'imaginer dans une réunion de co-propriétaires.
- Formez deux groupes : un pour et l'autre contre un jardin partagé.
- Rediviser les groupes en deux (si possible) et demander au premier groupe de formuler des arguments raisonnables et au second des arguments exagérés (en utilisant le superlatif).

Remarques
Pendant le débat, veillez à ce que les A ne se contentent pas d'énumérer leurs idées. Ils doivent d'abord improviser une réponse à l'argument qui vient d'être posée *(Non, moi je pense que tu exagères…)*.

Cette activité forme une boucle finale avec l'unité 1, en reprenant le même immeuble (voisinage, rapports entre les individus…). C'est une bonne occasion de féliciter les A en leur montrant aussi tout ce qu'ils ont appris dans ce deuxième volume.

RENDEZ-VOUS : LE TOUR DU MONDE DE GUIREC ET MONIQUE

Objectif
Compréhension écrite : découvrir une personnalité et une culture francophones.

Démarche pédagogique
- Regardez la grande photo et le titre. Laissez les A faire des hypothèses sur Guirec et Monique. *Est-ce un couple qui a décidé de faire le tour du monde ?*
- Laissez les A lire la présentation et l'interview. *Qui est Monique ? Qui est Guirec ?*
- Lancez la discussion à partir du voyage de Guirec et de ses dangers. Est-ce que ce serait quelque chose pour les A ?
- Lisez ensuite l'encadré et demandez si les courses de voile sont aussi connues dans leur pays.

> **Le saviez-vous ?**
> Cette page relate le voyage de **Guirec Soudée**, un jeune navigateur breton qui a narré son épopée dans *La fabuleuse histoire de Guirec et Monique* (Arthaud), livre publié également en allemand sous le nom de *Seefahrt mit Huhn*.

EXERCICES

Prononciation
- La mélodie du français.
- Parler avec de l'émotion.

Remarques
Il s'agit ici de slogans - phonétiquement intéressants et de plus en plus difficiles - que l'on pourrait formuler lors d'une manifestation dans la rue. Faites-les donc répéter en chœur, et le plus fort possible !

Quand vous faites répéter ces slogans, veillez à ce que les A mettent l'accent sur la dernière syllabe du groupe rythmique et non pas sur la première comme le font souvent les germanophones. Par contre, pour mettre de l'émotion, les A ont le droit d'accentuer les premières syllabes mais ils doivent comprendre qu'en français cela exprime un sentiment.

PLATEAU 3

Pour les objectifs des *Plateaux* et leur traitement en classe, voir p. 44.

STRATÉGIES D'APPRENTISSAGE

Les objectifs de cette rubrique sont la sensibilisation aux stratégies d'apprentissage avec des exemples d'application, et la prise de conscience par l'A lui-même de son style d'apprentissage.

1 a.   Quel est votre style d'apprentissage ?

Suivez les consignes de l'activité.
Dans un deuxième temps, demandez aux A quels rapports ils voient entre ces questions et l'apprentissage d'une langue.

1 b.   Comptez les lettres.

Le but de ce questionnaire est de cerner le profil d'apprentissage de l'A. On distingue grossièrement trois types : les visuels, les auditifs et les kinesthésiques. Laissez les A faire ensuite un remue-méninges pour réfléchir aux stratégies d'apprentissage qui dépendent de tel ou tel type. Par exemple, les visuels apprennent mieux en associant un mot à une image.

1 c.   Comment apprendre ?

Formez des groupes selon les styles d'apprentissage et demandez aux A d'affiner les conclusions de l'activité précédente : *Quelles sont les bonnes techniques pour apprendre la grammaire, le vocabulaire, pour retenir la prononciation ou améliorer la compréhension ou la production ?*

JEU : À L'ÎLE DE LA RÉUNION

Bienvenue à l'île de la Réunion ! Les A ont ici la possibilité de réemployer des contenus des unités précédentes dans un contexte ludique et à travers une mise en situation concrète. Ils voyagent ici à l'île de la Réunion et doivent interagir avec leur guide. Ils doivent communiquer avec lui et répondre à ses questions. Ces mini-conversations pourraient se passer de la même façon dans la vie réelle !

Comme dans les jeux des plateaux 1 (p. 44 – 45) et 2 (p. 76 – 77), les A jouent par groupes de 2 ou 3. Le principe est similaire au jeu de l'oie : les A se déplacent de « DÉPART » à « BRAVO ! » (= Arrivée) en suivant les instructions des cases du plateau de jeu. Les réponses sont personnalisées. Il n'y a pas de « bonne » ou de « mauvaise » réponse ; il s'agit simplement de donner une réponse cohérente et linguistiquement correcte, ce dont jugent les autres joueurs.

FRANÇAIS POUR LA PROFESSION

Si le téléphone reste sans doute la forme orale la plus importante dans le monde des affaires, le courriel est devenu avec le temps le mode de communication écrit le plus pratiqué dans le monde du travail. Il est important d'en maîtriser les formes élémentaires.

1 a.   Les bons conseils.

Ce texte est au niveau A2 mais il demande d'éclaircir le sens de certains mots : le tri des déchets (*Mülltrennung*) ou pièces jointes lourdes (*große E-Mail-Anhänge*) par exemple. Les noms de plantes sont presque la même chose en allemand (ficus, palmier, azalée, orchidée). Insistez pour que les A procèdent par paraphrase et en français : *Le tri des déchets, c'est qu'on ne jette pas tout dans un seul sac, on met le verre, le papier, le compost dans différentes boites/caisses/sacs/poubelles.* Au besoin et si le monolinguisme est trop difficile pour tel ou tel mot, un « secrétaire » peut chercher la traduction sur son smartphone.

1 b. Classez les bonnes habitudes proposées.

Après la simple découverte en 1a de mots nouveaux, d'un contenu global, il s'agit maintenant de s'approprier les contenus de l'article en réfléchissant à leur application dans sa propre vie quotidienne professionnelle.

2 Écoutez ce témoignage. 🔊 112

Écoutez le document une première fois.
Au tableau, tracez une colonne pour les mesures appliquées et une autre pour les mesures qui ne le sont pas.

Solution

Proposition :
Tout le monde éteint son ordinateur le soir. Et on n'allume la machine à café que quand on veut se faire un café. Les collègues font très attention à la consommation de papier. Les gens limitent leurs impressions papier, ils impriment tout en noir et blanc, et avec un code. On fait moins de voyages d'affaires et beaucoup plus de visioconférences qu'autrefois. Et tous les chefs prennent le train.
L'employée trie tout, elle ne prend pas de gobelets en plastique, elle éteint toujours la lumière. Et elle vient au travail à vélo.

3 Discutez puis prenez des décisions.

Les A doivent rédiger une charte pour l'environnement de leur entreprise (réelle ou fictive). Ils doivent établir les 10 commandements de l'entreprise. Demandez-leur d'utiliser l'impératif mais aussi les autres formes de l'obligation qu'ils connaissent : **il faut** par exemple.

CAPSULES DE GRAMMAIRE

- Une vidéo a toujours plus d'impact qu'un texte ou des images fixes. C'est aussi valable pour ce qui est de la grammaire : les capsules vidéo de *Rencontres en français* facilitent la compréhension et la mémorisation de nouvelles structures.
- Utilisée en classe, la vidéo dynamise les explications, elle maintient l'attention des A.
- Ces capsules permettent aussi aux A de travailler en totale autonomie. Ils peuvent à tout moment consulter les clips, compatibles avec tous les supports numériques. Un grand avantage est également qu'ils peuvent passer la vidéo selon leurs besoins : faire défiler la séquence sans interruption, ou l'interrompre et répéter tel ou tel extrait à leur goût.
- **Les capsules sont accessibles par l'application Klett-Augmented ou en téléchargement libre sur le site Internet de l'éditeur.**

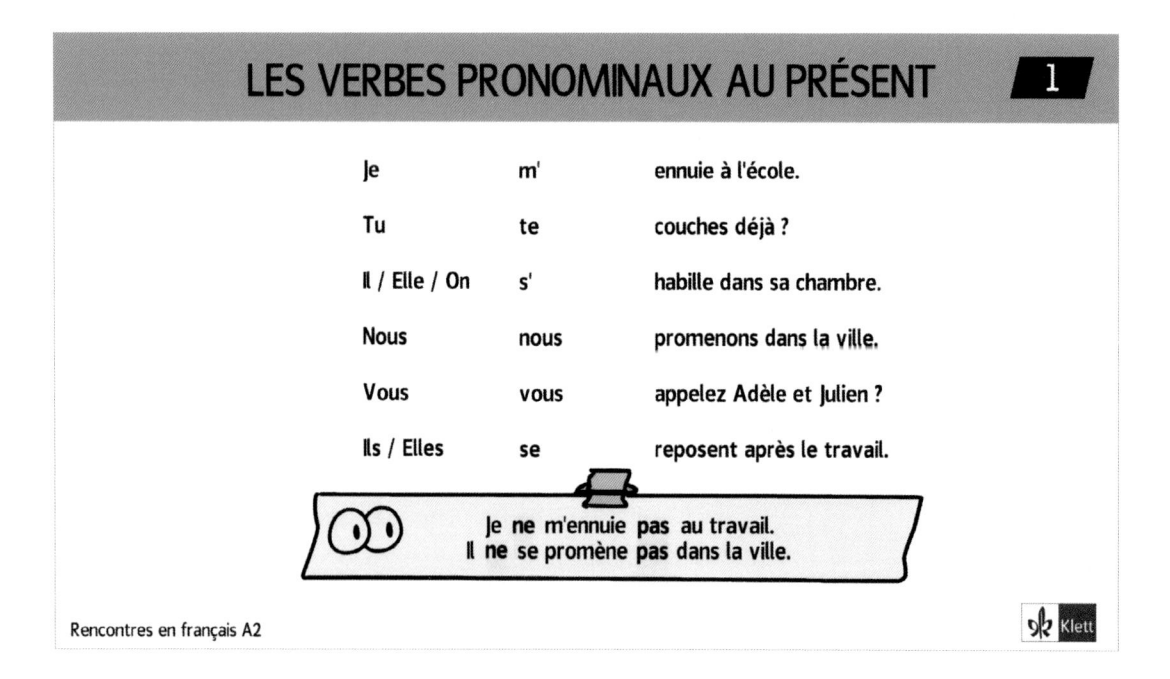

LES VERBES PRONOMINAUX AU PRÉSENT — 1

Je	m'	ennuie à l'école.
Tu	te	couches déjà ?
Il / Elle / On	s'	habille dans sa chambre.
Nous	nous	promenons dans la ville.
Vous	vous	appelez Adèle et Julien ?
Ils / Elles	se	reposent après le travail.

Je **ne** m'ennuie **pas** au travail.
Il **ne** se promène **pas** dans la ville.

Rencontres en français A2

CAPSULES DE GRAMMAIRE

A = Unité	B = Titre du clip et contenu	C = Activité correspondante dans le manuel

A	B	C
1	**LES VERBES PRONOMINAUX AU PRÉSENT** 1) Les pronoms réfléchis 2) La conjugaison au présent 3) La négation simple *(ne se promène pas)*	11
2	**LES VERBES PRONOMINAUX AU PASSÉ COMPOSÉ** 1) Accord du participe passé avec *être* 2) La négation simple *(ne s'est pas promené/e)*	12
3	**L'IMPARFAIT** 1) Le verbe *boire* 2) Exercice d'application	4
4	**L'IMPÉRATIF** 1) Les verbes *rester, prendre, faire* L'impératif des verbes pronominaux : 2) Les verbes *se reposer* et *se détendre* 3) La négation simple *(Ne vous couchez pas trop tard !)*	2
5	**LES PRONOMS PERSONNELS D'OBJET DIRECT** 1) Les pronoms personnels COD : *le, la, l', les* 2) Exercice d'application	8
6	**INDICATIONS DE TEMPS *EN* et *IL Y A*** 1) *en* 2) *il y a* 3) Exercice d'application	3
7	**LE CONDITIONNEL** 1) Les verbes *aimer, prendre* et *dire* 2) Les verbes irréguliers	12
8	**LES PRONOMS TONIQUES** 1) Les pronoms toniques *(moi, toi, …)* 2) Exercices d'application	3
9	**LES PRONOMS RELATIFS *QUI, QUE, OÙ*** 1) *qui*, sujet – *que*, objet – *où*, lieu 2) Exercice d'application	5
10	**LES PRONOMS D'OBJET DIRECT ET INDIRECT** 1) 3ᵉ personne sing. et pluriel : les pronoms directs *(le, la, l', les)* et indirects *(lui, leur)* 2) Exercice d'application	9
11	**LE PRONOM *EN*** 1) Emploi dans la phrase affirmative 2) Emploi dans la phrase négative simple	5
12	**LE FUTUR SIMPLE** 1) Les verbes *chercher, répondre* et *partir* 2) Les verbes irréguliers	3